築夢進行曲 3

心在那裡，希望就在那裡

主編◎林裕峯

U0002979

任何年代，我們都不要忘了
敢做夢更要敢築夢

／林裕峯

時代在變，並且變化的速度越來越快。

猶記得【築夢進行曲】這一系列書系，最早是於 2017 年啟動，並在隔年成書。之後於 2020 年推出第二集，本書則是三年這一系列第三本問世。

當年初次企劃本書系時，台灣還少有人聽到電動車，而今特斯拉創辦人已經成為世界首富；那一年各種 fintech 應用也還不普及，而今大街小巷都有人在使用電子錢包；當年也不像現在滿街都是 FoodPanda 或 UberEats。很多改變聽起來好像很有「回首話從前」的意味，可是實際上，這些改變真的只在短短三年內。

所有改變世界的種種發明或生活化應用，最初一定是始於一種夢想，其後可能經過許多人冷嘲熱諷，中間過程可能碰到資金問題、人事問題、公司成長營運問題等等，也許一百個做大夢的人中，可能只有一位真正實現夢想，九位沒有完成圓夢但也達到一定成長，其他九十位則還在努力中。但無論如何，勇於做夢的人，會比起得過且過的人，更有可能找到美好的明天。

全世界每時每刻肯定都有人在做夢，包括捧著金主資金

坐在矽谷辦公室的新興創業家，或者非洲某個偏遠部落衣不蔽體的小男孩，可能內心裡都有個強烈的夢想。

有夢的人，不一定最終可以成功，但何妨以此做個開始，就算只達到夢想的百分之一，也可以改善生活。

當然，這世界變化很快，不只有新穎科技帶來的生活應用變遷，也有許多負面的改變。以 2020 來說，一個在前一年無人可預料到的疫病，以令人驚訝的影響力，重創全球，到了 2021 年已有超過一億人感染新冠肺炎。同時間風雲詭譎變化萬千的現象，不論在政治面在經濟面，也是全球都有跌破專家眼鏡的發展。

如今無人敢說自己可以充分掌握時代脈動。最終，要在這個變化快速的時代存活，重點不在於你該選擇甚麼產業，投入甚麼專業，而應該在於你該成為怎樣的你？是否可以讓自己擁有自己的風格，自己的特色，自己無論在怎樣的大環境中都可以擁有一席之地？

關鍵還是在勇於做夢。

【築夢者進行曲】系列，現在來到第三集，藉由一群又一群素人的分享，作者群們也各自在自己的影響領域，感動了許多人。也因此才年復一年，又有更多新朋友願意一起分享他們的故事，歡迎更多人來築夢圓夢。

本書分成四大篇章，邀請了來自不同產業，不同背景的朋友，分享不同的築夢故事和築夢心得。

這些人中，有剛入社會不久的年輕人，也有已在某個產業揚名立萬的資深前輩。他們的夢想不一定只是關於拓展事業或創造財富，也包含如何與家人相處，還有更重要的與「自己」相處。

四大篇章，依著以下順序，每大篇章邀請三至四位朋友分享：

● 青年立志篇

年輕人若能立志，就可以更早創造屬於自己的生活。這裡的青年包括年輕有為的創業家，也包括某個領域從新人入手，打造新氣象。邀請的是：

*青年美食達人，他的成長心聲，以及迎向轉型：**曾捷裕**

*開創南臺灣民宿版圖的年輕創業投資家：**王璿程**

*單純的小護士如何踏入汽車產業成為銷售冠軍：**劉紘瑜**

● 事業經營篇

傳統對於成功的定義，通常還是比較會以事業有成做為評估標準，本篇邀請的三位朋友，他們各自在所屬的產業追夢，最終也能達到相當的成就，包含：

*壯年轉型房地產業，闖出一片天，房產典範店長：**盧志鵬**

*原是高雄前鎮區的洗頭妹，後來成就令人欣羨的事業：**何琳琳**

*從台中遠赴異鄉打拼事業，獲頒全國百大銷售榮耀：**戴君婷**

● 人生起伏篇

創業有人成功，也會有人失敗。當走在順境時，如何維持績效？當碰上逆境又如何轉危為安？本篇介紹的四位都是歷經滄桑，擁有豐富人生經驗，分別是：

＊人稱醫美教母的貝姐，她的人生傳奇：**廖蓓琦**

＊見證台灣金融發展史，38 年銀行資深一姐的成長心聲：**朱鳳卿**

＊轉戰北高的資深行銷戰將，掀創咖啡新潮牌：**薛舒聿（大玉）**

＊藉由靈魂藍圖找出自己生命意義：**楊鎧蔚**

● 家庭價值篇

成功的定義，不一定只限事業與財富，幸福家庭也很重要。同樣的，我們追求夢想，也可以是以家人福祉為主，本篇分享四個跟家庭成長相關的故事：

＊發現人生最大的功課，就是愛的功課：**陳毓群**

＊曾經想要逃離這個家，後來才找回愛的真諦：**林耀群**

＊過往她總是為別人而活，終於學會愛自己才能被尊重：**林宥均**

＊強調工作與家庭可以並重，品德學習與財富可以兼顧：**郭芸家**

目 錄・CONTENT

Part 4 - 177

家庭價值篇

Part 1

青年立志篇

思維探討：關於興趣專長以及生涯規劃的考量

築夢銘言：人生只有一次 22 歲，如果這一年就這樣過了，那你的 22 歲永遠都不會回來，就算你花再多錢都不會回來。

年輕人，要立志啊！

曾捷裕

當我在一個領域，已經打下深厚基礎，獲獎無數，
是否代表這就是我註定一生要奮鬥的道路？
當掌聲響起，我也背負著師長的肯定，
是否我該承接他們的期許，繼續再接再厲為校爭光？
二十出頭的勵志青年，在打下一片精彩江山後，
來個華麗轉身，選擇開闢另一個新戰場……

◈ **看著美食節目長大的孩子**

　　走進捷裕位在新莊的老家，有一整面牆，陳列的都是他的獎牌獎狀，不只是來自台灣南北征戰的比賽榮耀，還有參

加國際大賽的世界級冠冕。採訪這年他才二十出頭，剛大學畢業，甚至尚未服兵役。每個認識捷裕的人都認為，他會是下一個阿基師、新世代的江振誠，總之，他被看好是未來的廚神。

說起來，捷裕的家族，完全跟餐飲業扯不上關係，實際上，家族中最多人參與的產業是房仲業，並且在這個領域，有著最頂尖的成績，家族也代代有傳人。但捷裕感到幸運的，在這個大部分父母都喊著「望子成龍、望女成鳳，接替衣缽，光耀門楣」的時代，捷裕的家卻是全然地採取尊重原則，做父母的絕不去強力主導干涉孩子的未來，除了必要的支持外，一切都相信子女的選擇。

就這樣，因緣際會地，這個在充滿數字及投資術語環境中長大的孩子，卻在幼年時一個轉彎，踏上了通往廚藝的道路。

關鍵影響有兩個。身為家中備受疼愛的寶貝，捷裕小時候也很黏著爸媽。當媽媽外出買菜，他也總是當個小小跟班。也許在媽媽心中，她想帶著捷裕從菜市場中學習買賣以及應對進退，但卻沒料到，捷裕聰明的腦袋，當時卻放了更多心眼在認識各類蔬菜魚肉佐料等的分辨，回家後，他還繼續陪著媽媽，看她怎麼做菜，那種化腐朽為神奇，將種種素材化作餐桌上美食的技藝，讓捷裕深深著迷。進而他變得很愛看美食節目，才小學年紀，他就已經有固定愛看的節目，每晚準時七八點打開電視，看「型男大主廚」這類的節目，心中想要效法的對象，不是大企業家，而是像詹姆士、阿基師這類的美食魔法達人。

如果說小學時代的志向只是一種夢幻般但可能不切實際的憧憬，那麼，到著中學時代，讓志向更明確的，就是來自現實的需求。從小，捷裕就是很愛吃美食的人，雖然身材瘦長，可是卻比較貪吃，甚至在上課時，有時都會想著，怎麼老師講課講那麼久，甚麼時候可以下課，他好去找東西來大快朵頤。

　　就這樣，中學還沒畢業，他就已經立定志向，將來走餐飲科系這條路。他的志向就是要當廚師。加上家中採民主制的管理，父母也願意讓捷裕照自己的規劃走。媽媽只提供一個建議：一個人入社會後，若要擁有更好的生活，那就必須具備一技之長。這點捷裕可以辦到。

　　於是，捷裕踏入職校，並且從那年開始，他幾乎年年參與各類餐飲相關大大小小的競賽或資格認證，成績耀眼。

　　看起來，捷裕的人生道路，似乎就是依照他小時候的夢想來走，這是他自己選的路，並且他也真的有這樣的興趣和實力。

◈ **餐飲之路從中式料理開始**

要做就做最好的。

這是捷裕從小內心的信念。

　　他從來就不是需要長輩督促才行動的孩子。反之，他對事情經常太過投入，家人還得擔心地問他，是不是偶爾也該休息一下。

　　從入學開始，捷裕對自己設定高標準的學習，也因此他每年都能保持班上前三名的佳績。而既然廚藝並非課堂上坐

著讀書學理論，所以捷裕花非常多時間跟著師傅學藝，也因為想要驗證自己所學，並且觀摩廚藝更高的境界，捷裕從高一，就在師長的建議下，逐步參與各類競賽。

高中時期，捷裕的主力是中餐，他積極投入，精研煎煮炒炸諸般中式料理技巧，也開始藉由參賽，累積個人的金牌。

然而，所謂學習，不能只是學一技之長，特別是中學階段，五育並重很重要，在校，捷裕也設法讓不同科目，考試都有好成績。除了術科外，他也初步見識到「人性社會面」，他印象很深刻的一件事，那就是初次了解社會是不公平的。高二那年，他在學年競賽中，一一打敗競爭對手，已經從十六位校內菁英脫穎而出，最終只剩兩強對決，勝者可以代表學校參加全省比賽。不料，只因為捷裕本身的課業成績也不錯，老師竟然說，因為他成績不錯升學沒問題，但另一位學生成績較差，需要比賽成績來拉抬，因此選派另外那位學生代表學校參賽。

少年捷裕因此被上了重要的一堂社會課：原來現實的社會，不一定依照你的表現好壞定輸贏，成人世界裡，有更多的計較及利害關係考量。

這樣的認識，也讓捷裕一夕間長大，日後他接觸到更多社會現實面，這也終將影響他職涯的選擇。

無論如何，捷裕繼續以優異成績升學，考上大學觀光餐飲系所，也繼續參加各種比賽。

那年，捷裕遇到了人生第一次「重新再來」的考驗。他原本專精的是中餐，在這領域已經打遍天下無敵手，上的大

學，卻整個是西餐體系。他得放棄過往的榮譽光彩，從零開始學西餐。

◈ 設定高標準的比賽常勝軍

只要有心，再困難都能突破。捷裕就是喜歡餐飲美食，因此就算要從頭學習一門技藝，只要仍屬餐飲範圍，他都樂於學習。很快地，捷裕又成為校內競賽看板上的常勝明星。他是如此的耀眼，在校內幾乎人人都認識他。

也如同捷裕非常強調的，正向循環要由自己建立。他因熱愛學習，用心研習，因此在校表現很好，這樣的學生，師長當然看重，也自然一有比賽機會，就優先推薦他，藉由參加比賽，他贏得更多榮耀，於是成績更好，更讓師長感到驕傲，也更願意栽培他，就是這樣的正面循環，讓捷裕一步步的成為這個領域的頂尖。而捷裕相信這一套正向的定律，也適用在入社會的各行各業，亦即：

一個人對自己的工作認真投入→得找長官的肯定→被賦予更多的重任→做出更多佳績→得到公司對自己更多的厚愛→成就步步高升。

尚未步入社會前，才十多歲的青年，捷裕已經悟出了這個道理，並且身體力行。當大部分的學生，上課只是應付，下課回家沉迷打電玩、或成群結隊嬉樂，同樣的時間，捷裕卻選擇讓自己投入更多的學習，包括餐飲本科的技藝累積，也包括自行付費去參加民間課程。他從高中畢業後就完全戒

掉電玩的習慣，但也不會讓自己成為書呆子，他追求的是平衡的生活，只是趁年輕，他將學習的比重放到最大，並且具體設定目標，一一達成。

所以在還沒畢業前，捷裕不只參加各類比賽獲獎無數，也已經取得跟餐飲有關的諸多證照。中式料理、西式料理的證照自不必說，他還特別去考取烘培乙級證照。所謂乙級，代表已經取得可以擔任老師的資格。

在比賽方面，捷裕更是要求自己，不是只為了形式上的頒獎榮耀，而是真的要讓自己技藝有所突破，在強手中印證實力。一個典型的例證，大二那年，他去參加國際性的餐飲比賽，賽事有分組別，成年組所有年齡層都可參加，學生組顧名義思，就是學生資格參賽。捷裕刻意選擇參加成年組，因為他要讓世人知道，他是真正有實力，不要將來人家提到這個比賽，卻說反正只不過是「學生性質的比賽」，唯有拿到成人組的獎盃，才更驗證捷裕真的廚藝非凡。

至此，捷裕不僅擁有中西式餐飲及烘焙方面的職業證照，他也在諸如餐飲服務、餐桌禮儀等競技中得名，真的是做一件事就要做到最好，是餐飲領域全方位的達人。

雖然得到來自各界的肯定，但其實，捷裕此時也仍是個大學生，他後來真正上了一堂社會課程的洗禮。那是在大三升大四進入實習的時候。

◈ **真正的餐飲實戰**

餐飲做為一門技藝，學校教育很重要的一段歷程，就是

建教合作實習。學校本身已經指定了幾個合作單位,但捷裕後來找到一個挑戰性更高的,他因為親戚引介的關係,認識一家五星級高檔餐廳的主廚,得到可以進去擔任實習員工的機會。也由於這家餐飲集團規模夠大,符合學校設定的高標準,因此也就認可為實習單位。

然而,所謂「盛名所累」,捷裕還沒進去服務前,他的名氣就已經傳進公司,也因此,當那些已經真正在第一線服務的廚師們,聽聞這小子好像「很了不起」的樣子,心中就有了成見,那也使得之後捷裕的實習生涯,變得更為艱辛。

這也是捷裕想給年輕朋友的建議:成就自己、肯定自己,非常重要,但也必須懂得低調,否則會招致負面的影響。

必須說,過往都是紙上談兵居多,就算參賽或交作業,反正還是學生,下課後依然是被家人呵護的寶寶。但直到真正站在第一線,要為客戶負責,才是真正面對現實的人生。

原本捷裕是個實習生,理論上還是該有些特殊待遇的,最起碼,所謂建教合作,至少要有師父親自帶領。但實際上,捷裕報到第一天開始,就被丟到工作崗位,沒有人帶,直接站在一個忙碌的位置。他被分配到熱灶組,負責處理西餐的配菜,諸如馬鈴薯、干貝、熱湯等等,他的部門有三個人,剛好就是有一人休假兩人值班的滿檔狀態,完全沒有甚麼「實習」的彈性。

就這樣,等於被趕鴨子上架實戰作業的捷裕,迎向他從小至今,最痛苦的一年。明明甚麼都還沒開始學,卻已經必須開始做菜,頻頻出錯自是當然,接著他就被前輩痛責。並

且餐廳裡的廚師們，許多都是老式教育出身的，講究打罵教育，在這樣環境下，那種天天都被釘的壓力，如果是一般職場，可能新人做沒兩三天就會落跑了。但對捷裕來說，一方面這是簽約的建校合作實習，離職就是違約，也會失去實習成績，二方面，捷裕是個不服輸的人，面對困難，他寧願選擇的是克服挑戰的方法，而不是讓自己淪入受害者情結。

於是他選擇用時間來換取改善空間，所謂勤能補拙，既然實戰他總是左支右絀，那麼，他就早點來公司，趁正式工作前的時段練習。公司規定上班時間是十點，捷裕卻是每天八點前就來報到，他要從新莊每天風雨無阻騎車去台北市東區，簽到後，先複習前兩三天學過的東西，並預先將需準備的材料先處理好，等到十點正式上班，他已經做好相當準備，可以比較從容的因應挑戰。等到又被責罵，那代表又有新的東西可學，捷裕反倒視為學習機會，誠心接納。

就這樣，他在同事半驚訝的眼神中，從菜鳥而快速成為熟手。甚至到後期，還變成讓他指導前輩。

◈ 重新思慮自己的職涯

捷裕的信念：

問題發生了，就是發生了。你選擇逃避，就是你被問題打敗。但若你能解決問題，那你的人生就升級了。

實習半年後，又碰到新的挑戰。這回，原本已經摸熟彼此互動模式的主廚，被調回集團的另一家餐廳，新來的主廚，是來自另一家五星級法式料理，也曾被媒體報導過的明星主廚。這位主廚，受日本教育出身，管理方式更為嚴格。

講究的不只是廚藝，還有生活的言行規範，特別是這家餐廳，各個環節都是頂級規格，連烹調環境也是開放式廚房。

在此，捷裕也感受到，經常學校的教育跟實際職場不一致，例如在學校，老師會強調，廚師要講究禮儀，絕不得偷吃，但在真正餐飲環境，反倒主廚會要求廚師們在烹調過程，要經常去品嘗，有任何問題才能提早發現。（當然不是只偷吃客戶的菜，而是烹煮過程中，要經常的另外盛出來試吃）。

總之，捷裕得接受更大的工作挑戰，在前半年，捷裕經常碰到的狀況，原本不屬於自己的工作，前輩刻意欺負他，把很多額外工作都丟給他。捷裕的心境調整：很好，你讓我做更多事，就代表我可以學習更多。當然，畢竟他還是個年輕學生，修養也有限，因此捷裕每次休假，都還會去廟裡拜拜，藉此「淨化心靈」。

半年後新主廚來了後，捷裕有一天被召見。主廚和他深談，捷裕才知曉，原來這位主廚，在尚未正式到任前，就已經藉由觀察環境，也觀察每個員工的工作態度，他認為捷裕是一個認真踏實的人，他也看出捷裕受到前輩不合理對待，卻都能夠堅忍不拔的繼續用心工作，包括，每天都提早兩小時上班，這些用心，主廚都看在眼裡。

新主廚雖肯定捷裕的工作態度，但他問了一句很現實的話，捷裕一時卻無法回答。主廚問他，等實習結束後，是不是還願意留下來服務，如果早幾個月問，捷裕的答案會是肯定的，能在五星級餐廳服務，是廚師最大的夢想。但如今，經歷過職場黑暗面，捷裕的熱情已經冷卻了。最終他誠實地

跟主廚說，他不想留下來。主廚點頭說他瞭解。不久後，捷裕就被調派去早餐部門，負責的是這家大飯店旅宿客人的早餐供應，某個角度來說，他被發放邊疆了，也就是公司不再願意栽培他了。要把機會留給願意在此打拼的人。

公司的想法自然沒錯，本來，我們選擇培訓一個人，首先就是對方要有心。事實上，捷裕過往以來能夠在餐飲領域發光發熱，也都是因為有心，所以讓師長願意栽培。

只是，捷裕如今真正踏入職場，人生中首次站在十字路口上，他嚴肅地，思考自己的未來走向。

終於，他發現，他並不打算以餐飲為終身職涯。

◈ **如何選擇自己該走的道路**

這其實也是很多青年學子的歷程。

關於夢想與現實，關於興趣與專長。

最好的情況，一個人從事的職業，正好是自己最喜歡的工作，每天早上都可以笑著起床，樂在工作，也沒所謂熬夜或者操時工作問題，因為他根本樂在其中，工作就是生活。

然而，這樣的情況非常罕見。大部分時候，興趣是興趣，興趣不一定可以換來生計，此外，專長也不一定得是生涯。諸如琴棋書畫都有達人，但達人們少有真正依賴這些琴棋書畫維生的。但以捷裕來說，他的情況是，他的興趣和專長，都是有職場需求，真正做到頂尖的，也能夠領取可觀的收入，甚至成為富翁也不是問題。

那麼捷裕的問題是甚麼呢？

他知道他對廚藝有興趣，他也知道他廚藝已經取得各種

證照，包括師長及家人，也都認可他會在這個領域有所成就，甚至五星級主廚也願意親自栽培他。但他面臨生涯抉擇的問題是甚麼呢？

他發現，人生除了興趣、專長以及實際謀生這三大範疇考量外，每種範疇還需要細分。例如所謂興趣及專長，捷裕廚藝頂尖，但不代表捷裕在其他領域不夠頂尖，或者在其他領域不能夠培養更多元的興趣。

許多時候，人們太著重在現實面，例如捷裕雖還年輕，但也看過許多社會人士，他們工作選擇只為生計餬口，無甚樂趣可言，若長長的人生都這樣度過，那捷裕覺得這非常可怕。另一種情況，就是許多年輕人，可能就得過且過，趁年輕能玩就玩的心態，許多都先當個靠爸靠媽或啃老族，頂多就是今朝有酒今朝醉的打工族，這種誤把玩樂當興趣，現實生活卻不去考量的模式，是另一種可怕。

現代年輕人真的知道自己要甚麼嗎？甚至有沒有想過這件事？這是捷裕比較關心的，也是未來有機會演講，他想要和朋友分享討論的。

無論如何，捷裕一邊跟主廚回覆他不選擇留下來，一邊自己內心也終於有了更清晰的決定，他整理出他的思緒：

1）他喜歡餐飲，但實際投入，他發現不喜歡餐飲業的工作模式。

2）比起餐飲這門興趣，他的人生有更重要必須考量的價值，那就是親情。捷裕的夢想藍圖中，他要帶著妻子兒子一起快樂過生活，這件事比廚藝精湛更重要。也因此，餐飲業

長時間工作，以及假日不能陪家人的模式不是他要的。

3）細究起來，他當初喜歡餐飲業的一個原因，是與人接觸，例如他在校的餐飲實習環境中，就是可以經常和客人互動。但真正頂尖的餐廳，分工很細，廚藝專精的內場人員根本難以跟客人第一線互動。

4）綜合以上，捷裕決定廚藝就當成一門終身的技藝，那些證照都永遠在，他也可以長期在家練習。但真正的職涯，他要選擇跟與人互動的領域有關的，而在學習對象上，既然他自己的家族，有很多房仲業做到很頂尖，擔任店長或擔任業績冠軍王的人，那這些都是他學習的對象。他決定投入房仲業務工作。

以上，就是捷裕考量到職涯的內心思慮過程。他也鼓勵讀者朋友，特別是年輕人（但已經在職場上的朋友也同樣需要），那就是與其每天不知道所為何來的忙，何不花點時間，認真想好自己的定位，釐清興趣、專長以及謀生技能的關係。真正去擘劃十年二十年後的未來，那時候再回頭省視自己的生涯，會比較有實際的效益。

對於在校生來說，比較大的一個問題，就是沒有實戰經驗，因此年輕人才需要去市場上多磨練，但心態要認真，而非打混等領薪。唯有將實務經驗融入考量，此時再來分析專長與興趣，那樣比較能找出自己該走的道路。

◈ 期待更美好的明天

年紀雖輕，捷裕卻對自己的職涯有清楚的認識。那是植

基於，他從十幾歲就很認真的投入學習。

捷裕認為，技術要學，這只要時間夠久人人都可以辦到。但內心的智慧卻需要培養，另外包含各種有益生活的德誼，好比耐心、毅力，都需要用心培養。例如捷裕在大一時就開始養成「21 天培養好習慣」模式，他曾經去上課，學到這個道理，任何事情只要讓自己連續 21 天投入，原本不是習慣也可以養成習慣，這包括正面的培養好習慣，也包括另一個層面，戒掉壞習慣。

好比說，每天早起跑步，初期很痛苦，很難抵抗被窩的誘惑。但若能夠不畏風雨，持續要求自己連續 21 天做到，那最終就可以養成晨起跑步習慣。或者如同當初捷裕戒掉電玩，他某一天就告訴自己，丟掉那些遊戲光碟，開始不去碰，初時難免忍不住又想去玩，但告誡自己戒掉戒掉，連續 21 天後，現在捷裕生活很充實，壓根兒不會想藉由電玩「殺時間」。

捷裕實在是一位自律性很高的人，這點主廚也看在眼裡。他終究覺得這孩子真的是大材，雖然將來不能繼續為公司效力很可惜，但身為長輩，主廚覺得自己還是有教育英才的責任。

結果被調去早餐部後不久，捷裕有天又被召回，仍請他待在原本的部門，那時也因為熱灶班的一個同事出車禍，要三個月才能回來。如今，就讓捷裕擔當大任，並且主廚告訴他，看到捷裕讓他自己想起年輕的自己，也是充滿夢想以及純真，他說從今天起，不只是他本人，連同副主廚，會有兩位專業前輩培訓捷裕，就算未來不能留下來，能夠為社會培養人才也是好的。

捷裕很感恩主廚的器重，因此在剩下的半年實習，更用心工作。

人生啊！走過必留痕跡。真正不浪費光陰的方式，工作一年應該要有一年的成果，工作兩年要有兩年的程度。所謂薪水多寡、職位高低，那都只是附帶的，若沒有實質成長搭配，再亮眼的職銜也是空的。

捷裕也告訴自己，只要在職場一天，他就要讓自己那一天做到位。特別是連主廚都願意親自帶他。後來，那位車禍的同事回來後，反倒變成要跟捷裕學習，並且這不是基於主廚的命令，包括那位同事以及其他同事，看捷裕的眼光都不一樣了，一年前他是個菜鳥，如今，他是個……

是個讓人尊敬的人，雖然他只是個年輕人。

是的，捷裕以身作則，他要和讀者分享的，人生的成就，和年紀無關，而是和你自己願不願意認真看待自己有關。

願意當責，就能把自己的興趣專長發揮到極致。

◇ 捷裕的學習分享

本章最後，捷裕也要分享給年輕朋友幾個他學習的竅門。

● 珍惜時間

捷裕想分享當初主廚跟他說的一句衷心感言：

如今你22歲，如果這一年就這樣過了，那你的22歲永遠都不會回來，就算你花再多錢都不會回來。

捷裕後來做甚麼事，當內心想偷懶，或者工作很辛苦，找不到目標，缺乏動力時，就會告訴自己，此時此刻的你，過了，就不再回來，花多少錢都一樣。

如此，他就會振作起來。把握每個當下。

●學習業務

曾問過職場前輩，如果再年輕一回，他會做什麼當初他沒做的事？聽到的很多回答，如果再年輕一回，他就要趁早去做業務。

因此，捷裕自己退伍後要先從業務工作做起，他也鼓勵讀者朋友，初入職場可以先挑戰業務工作。

●擁有技術，也要擁有多元學習

就以捷裕本身來說，他擁有的證照，已經保證他這輩子找工作無後顧之憂，但他要趁年輕追求多樣學習。因此他從大一開始就很積極上課，也因此接觸到林裕峯以及許多名師。

●設定階段性目標

當初在學校，捷裕就要求自己，學各個技能都要在一定期限內達標，而參加比賽就是他達標的一個參考里程碑。未來投入業務工作，他會為自己設定目標，捷裕設定五年五年一期，每個階段都有個具體的目標。至於如何達標，這就是人生樂趣所在，例如捷裕已經做好準備，他不怕可能會遇到成千上百個拒絕，他已經對業務工作有所覺悟。一百次拜訪，若得到一百次拒絕也沒關係，只要因此學到訣竅，帶來

第一百零一次的成功，那就值得。

　　最終捷裕要感謝家人總是給他正能量，他自己也經常給別人正能量，例如在他的臉書，就都是鼓勵的話語，還設有心靈雞湯等單元。

　　總之，年輕人要立志，成功屬於敢要也相信自己有資格要的人。

　　請加我的 LINE！免費通話、免費傳訊，溝通更方便！

https://line.me/ti/p/lTOhR_0SiM

備註：

　　本書撰寫期間，也正是捷裕入伍服役報效國家的時候。以下是他的入伍心情分享：

　　很快速地當完四個月的兵，在軍中的日子真的有度日如年的感覺，一開始還信誓旦旦地認為，就算在軍中沒用手機的日子裡也不會覺得有太大的落差感，但一進入到軍中才發現，不是一開始想的這麼簡單，從一開始的伙食講起，想到進入軍中的第一餐，一道主餐四道小菜，聽起來還不錯，但那個菜量真的少的可憐哈哈，是我平常在家一口的量，所以伙食這部分基本上每一餐都吃不飽，只能自己去調適食量哈哈。

　　其次就是本來一直認為我已經是個很獨立能力的男生了，

就算很久沒看到家人或女朋友也不會覺得怎樣，但在入伍的第一個禮拜，卻明顯感受到家人的重要，每天只要能打電話報報平安，就可以很幸福了。

　　過程呢是有發現當兵的模式其實不難只要適應一個月其實就習慣了，但當兵的缺點就是一個口令一個動作，會讓人慢慢忘記獨立思考這一件事情，失去思考能力是一件多恐怖的事情，就像得了慢性病一樣恐怖，短期內不會對你的身體造成病痛，但長期下來你的身體會慢慢得越來越不好，漸漸瀕臨死亡，好險我在軍中的每一天都有寫日記的習慣，所以第一個月就有發現這一件事情，而我所做的改變是我除了會認真聽從班長們的口令以外，我還會先自己想一下有甚麼更好的方式，當天就寫在筆記本裡，做自我獨立思考事情的訓練，不然當完兵真的會變很笨，頭腦也會轉很慢，好險我有把實習學到的能力，超前布署帶入到軍中，是個很棒的行為，很多事情只要提早去完成或做事前準備充足就可以大量降低被班長罵的風險。

　　總結：我認為現在大多數的人太容易能得到資源，導致不會珍惜而忘記其實身邊一直都有著很寶貴的人事物，例如親情、愛情、事業、物質，或者只是媽媽煮的一道家常菜，都有著跟高級餐廳不同的溫度，卻不懂得珍惜身邊有的，只盲目的追求自己身邊沒有的，而遺忘自己其實擁有很多。當兵讓我了解到珍惜，珍惜是人與生俱來的能力，但也是最難做的事情。

思維探討：年輕人如何歷練？如何堅守自己的夢想？以及如何在挫折挑戰中，依然落實夢想？

築夢銘言：人生一定會遇到挑戰，特別是大環境的挑戰。無論如何，堅持夢想初衷的人，就能走出自己的路，並幫助更多人。

沐浴奇異恩典，用愛打造夢想旅店

王璿程（鐵雄／ HENRY 教練）

風和日麗的平靜海面，
可能下一刻就狂風暴雨險象環生；
走在放眼狼藉的整片廢墟，
也可能一轉眼看見殘壁後面有著寶藏。
人生就是如此，
有順境、有逆境，也有不進不退停駐原點的時候。
轉危為安或者更上層樓的關鍵，就在於我們的信念與創新

思維。

　　出書時年紀也才三十多歲，年輕有為的鐵雄，正是求新求變展望新局的典範。

　　曾經他遭逢家庭和事業的打擊，茫然失措時也覺得看不到人生方向。

　　但黃金單身爸爸鐵雄在信仰中他重新找回築夢立志的力量，為了心愛的女兒，他要傳承一個用愛打造的公主城堡。

◈ 一個永遠求變的年輕人

　　2020 年，在傳統東方人新春拜年這樣的日子，大家都還是喜氣洋洋，親友團聚，也規劃著這一年要有怎樣的願景與突破。沒想到似乎過沒幾天，全球一片烏雲壟罩，一個名為新冠肺炎的疫病肆虐全世界，至時序邁入 2021，延續一整年的淒風慘雨完全沒有結束跡象，已有超過百萬人身亡。

　　這隻人人聞之色變的黑天鵝，打趴世界各國很多企業，也包括百年老店和國際大型集團。其中影響最大的「慘」業，無疑就是休閒旅遊相關的旅宿業和餐飲業。

　　然而，就在這樣的低迷慘淡時刻，也依然可以有著孕育新希望的發展契機。

　　台南民宿的先驅，本名王璿程，人稱鐵雄和 Henry 教練，不畏旅遊業寒冬，很早就未雨綢繆，超前布署，投注很多心力，規劃出台灣第一間結合夢想和身心靈成長概念的療癒旅店。

　　這已不是他第一次化危機為轉機。回首鐵雄這一路走來的成長歷程，就是不斷轉變思維，因應逆境再創新局的寫照。

出身台南望族的鐵雄，自小內心有著不一樣的聲音，他沒有選擇比較安逸的路。在畢業後放棄投入家族事業，而是試著去外地闖蕩增加歷練。

自言想法比較創新的他，每每勇於挑戰大部分人不敢嘗試的領域。但看似不務正業的歷程，往往要到幾年後，人們才看到，原來鐵雄真的很有遠見。

例如鐵雄從國內名校財務金融系畢業後，卻有一段時間選擇加入餐飲業，當時朋友可能誤以為他接受四年專業財務培訓卻無法學以致用。但實際上，鐵雄投入餐飲業，卻是要以「第一線」的從業角度，了解事業經營，他認為唯有從實務面來奠基，回過頭來再從事財務領域，才不會淪為不食人間煙火的象牙塔。

而跨領域的學習重點不是「改變」，而是清楚每個一成功背後的思路和架構。

◈ 年輕人就是要找戰場歷練

說起來，鐵雄是個時時在動腦的人。他很珍惜人生的每一個時刻，而絕不只是照表操課。學生時代，當大部分同齡的青年還在揮霍青春，想著約會以及課後聊天八卦，鐵雄卻已經在腦海中演練著未來的生涯，18歲就已經確認，人生若要有所突破，創業這條路是必要的。既然每個人的生命有限，而創業必須有足夠資歷，所以他盡量要趁很年輕的時候，用最短時間累積未來創業的實力。

具體來說，他在大學時期就很朝氣蓬勃，積極爭取各類為大家服務的機會，不論學業或社團服務都盡全力做到最

好，因此還獲選為南台青年代表。

　　他的腦袋如此清楚，才 20 多歲年紀，就可以跟人侃侃而談，經營公司要做到怎樣的財務規劃、利潤來源、業務推展方向等等。經濟部中小企業處統計：「一般民眾創業，一年內就倒閉的機率高達 90%！」，十個創業的人中，往往到最後可能只有一個人成功，但在鐵雄的認知裡，這不是機率的概念，絕不是說創業只有十分之一成功機率，而是該去探討：那個成功者，他是做對了甚麼，因此，創業務必要成功，植基於背後厚實的扎根及獨特的思維。

　　總之，鐵雄是個非常「認真」過生活的年輕人，他也想以自身的經歷，告訴年輕朋友們，立志要趁早，如果願意在年輕時，能找到幾位指引人生的教練，就可以讓自己三十歲過著財富自由和更幸福的生活。

　　但的確創業這條路有挑戰，因為人生在世，成敗關鍵，不只在於自己的努力，也在於大環境的變化。所謂人定勝天，已被證明是景氣時代人們自傲的狂言，真正的世界充滿著黑天鵝、意外，還有太多命運的變數。所以，鐵雄認為，努力是應該的，但真正成功者，還是要做到「因應變局」。

　　可是應變的能力，絕不是單靠閱讀或思考就能企及，一定要有社會實務，這需要磨練。

　　最可以磨練應變能力的戰場，絕非舒適的辦公室。因此，財務金融本科畢業的鐵雄，很清楚自己的志向，他一開始就沒有設定銀行保險證券期貨這些公司的內勤，而是義無反顧地，就是要做最困難的「業務」。

所以初入社會的第一份工作，就是擔任許多人避之唯恐不及的保險業務。也因為鐵雄是刻意加入這產業，而不是像很多人是失業找不到事做才投入保險行業，他比別人帶著更多的熱誠，他真正了解保險背後的深意，特別是當時父親過世，他也親身感受，在全家悲傷的時候，父親在世時做的投保，有真的遺愛家人。母親也意識到保險的重要，對身體的保健也開始注意。也因此鐵雄抱著真正可以助人的信念，一年內業績成長飛快，做出相當的成績。

但就在人人看好他在這產業的前景時，鐵雄卻覺得階段性任務完成，他跨業從零開始，加入餐飲業。

◈ 不害怕面對「改變」

國內頂尖的餐飲事業王品集團，鐵雄從報章書籍知道，是一個很有理念的企業典範。2011 年，王品集團準備興櫃上市（隔年正式掛牌上市），鐵雄覺得每個企業轉型的時刻，正是最佳的學習成長時刻。因此毅然決然，離開成績耀眼的保險事業，加入王品集團。

對鐵雄來說，服務業範圍廣泛，類似保險一對一服務也是其中一種，餐飲每天面對不特定陌生人又是一種。鐵雄願意放下高學歷身段，從最基層的洗碗工做起，不抱怨、不偷懶。他學習到服務是由許多環節構成，哪個環節沒做到位，就可能帶給客戶認為服務不佳的抱怨。鐵雄再次認知到，重點不在於個人努不努力，而在於努力的方向對不對，以及如何做到資源整合。例如，當他擔任主管時，當不同桌不同的餐點，每位九道菜，要如何調度後場所有人員分工合作。如

果員工有甚麼委屈或誤會，身為主管他該如何協調，最終，就是要做到客戶滿意，工作團隊氣氛也和諧。

這其實不是容易的事，特別是鐵雄當時才是二十出頭的年輕人。當然，當初選擇大企業磨練，有一個最大的優點，就是大企業比較有制度，例如王品就有一套完善的作業流程。這也讓鐵雄的培訓過程比較有效率。在此，鐵雄也要給年輕人職涯建議，那就是如果可能的話，趁年輕選擇有規模的企業或是有前景或潛力的新創公司打底，先不要好高騖遠夢想穿西裝領高薪當主管，務實的學到技能才是重點。

而當設定的目標完成，如果心中有著清楚的願景，而現在所處的環境，再也不能帶給自己成長的時候，也要勇敢地脫離跑道，往下一個階段挑戰邁進，享受生活帶來的改變。

◈ 勇敢走出舒適圈

鐵雄覺得，人們常說的舒適圈，不一定要侷限於從上班族跳到其他領域，其實廣義來說，只要能勇敢審視自己現況，不要依賴在已經「習慣」的環境，勇於挑戰新的可能，甚至也包括在體制內追求新的嘗試（好比說，原本在內勤單位，自請轉調銷售部門）。

總之，願意面對「改變」，不要得過且過，這是邁向成功基本的心態。而舒適圈外面是更大的舒適圈。

在王品集團歷練後，鐵雄也北上到台北歷練房地產仲介實務，並且在房地產實戰經驗中，累積了豐富的投資以及坪效規劃 know-how，這也為他後來走向旅宿事業做鋪路。

舉例來說，同樣是一坪空間，台北信義區的一坪跟台南市區一坪，可能單價差距好幾倍。再以建材來看，公寓的一坪跟華宅的一坪，價格又是不同。再更進階思維：如果同樣的空間，一次賣掉，就是賺一次的收入（也就是房屋買賣）；同樣的空間，若可以計月收費，就是賺長期收入（也就是房屋出租）；同樣的空間，切割細分，可能可以賺多幾筆的錢（也就是房屋切割套房）；同樣的空間，若再精緻化經營，乃至於可以更彈性的計日計時收費，那就進入旅宿業的領域。這就是後來鐵雄踏入觀光產業的源頭。

◈ 面對人生巨大逆流得逢奇遇恩典

　　就在鐵雄闖蕩事業，累積職涯經驗，正準備拚搏一番事業時，命運的安排，接著他卻走到一段人生低谷。他的父母先後離開人世，帶給鐵雄很大的傷痛，同時家中原本的教育產業，也在時代變遷下，經營日漸困難，市場被瓜分。而在衝刺事業期間，鐵雄的婚姻亮起紅燈，最終離婚收場。幾乎在很短的時間裡，鐵雄經歷了紛至沓來的傷痛打擊。

　　日後回想，讓鐵雄心灰意冷的時候，依然保有一絲清明，最終不但重新站起，後來還創立了全新的事業。一個重要原因，就是對女兒的責任感，再怎樣悲傷，也沒有權利去犧牲女兒成長的幸福。另一個更重要的原因，就是內心裡那個創業魂！都已經刻意去各個產業磨練精進，不該讓自己的心那麼脆弱，不該放棄曾有的夢想。

　　另一個改變他很大的關鍵，就是信仰的力量。他遇見奇異恩典。

恩典伴隨著生命中的天使，在他面前出現超過三次，引領他找到心靈依歸的原鄉。但也是回想時，才發現的。

　　2019 年 3 月 23 日是個很重要的日子，彷若陰霾已久的天空，終於盼得苦候多時的陽光。那回他受到 Money&You 商會一位學姊的邀請，帶著女兒參加此生第一次基督教婚禮，那天他感受到滿滿的愛跟喜樂，心中真的揚起了久違的光明，那次的婚禮他感受到溫馨喜樂，忽然間感受到聖靈不遠，神一直守候著他。

　　在那天之前，其實還有一個小遭遇，大約就在婚禮前一周，鐵雄當時開車在台南街頭，附近剛好有所教會。就在經過教會那短短的一兩分鐘裡，鐵雄印象深刻，那瞬間突然有個聲音傳送到他腦海，說著「快來找天父阿爸」。也就是來自天使的聲音的「天音」事件，不久就剛好學姊邀約參加婚禮，才有了這回帶女兒到教會的行程，也在那天有了深深感動。

　　接續著沒多久，4 月 12 日，又是另一次恩典。也是 Money&You 商會的朋友，這回是位學長邀約，去參加一個活動。此時的鐵雄內心開放不設限，聽說是教會活動也立刻答應赴約。那次活動現場直播，人間四月天傳福音音樂會，再次讓鐵雄溫馨滿盈，他不禁感動到淚水盈眶，他感受到教會朋友的付出，那兒充滿著愛與喜樂。當時鐵雄覺得自己不再孤單，相反地，他感受到前所未有的心靈豐盛。

　　就這樣一連兩個天使為他媒介聖靈的感動，4 月 16 日第三位天使出現，這是另一個社團的朋友，在台南市國際 IMC 工商經營研究社當月例會中，邀約的一位貴賓叫做陳鄭彥，

一個曾經年少輕狂混跡江湖，青年時期已是電玩大亨，後來沉迷毒癮，陷入黑暗人生，最終卻靠著神的啟示，洗心革命，如今已是典範企業家和反毒大使。

鐵雄深深覺得，比起這位陳董的遭遇，自己過往的人生悲傷又有甚麼好走不出來的？浪子回頭靠著一本聖經翻轉人生，這樣的勵志，讓鐵雄心有所感。

短短幾周內累積的感動讓鐵雄印象太深刻了，他很感恩，主為了拯救他竟然一連派了三個天使來聯繫他，那天鐵雄覺得自己覺醒了。

◈ 立志將來要當個牧師

覺醒後的鐵雄自問：

我的人生要繼續這樣過得迷迷茫茫嗎？

我能不能有不一樣的自己的人生？

雖然曾有過不快樂的遭遇，但想想，自己的出身其實也是幸福的，至少家裡讓自己不愁吃穿，也養育出鐵雄是個願意刻苦努力，心態也樂觀向上的人。

鐵雄也決定了，他要走上神安排的道路。那天他想著誰要當我的第四個天使？這個天使要直接帶領我加入教會。正這樣想著，一個人選就浮現腦海，很神奇的，這個人正是他前妻姐姐的好朋友，即便人間情緣有多樣糾葛，主卻會巧妙地為人們安排道路。

透過臉書和那位朋友聯繫，也主動表示願意參加教會主日活動。於是鐵雄第一次去教會參加禮拜，也更深入了解教會的活動種種事宜，例如過往以為信仰的所在，只能研習跟

心靈學習相關的課程，但其實教會是非常深入民間的，在教堂也可以學習好投資理財，聖經裡居然有 2350 條有關理財的經文。

鐵雄覺得這裡真的充滿樂趣，有正向的人，還有許多正向的啟發與學習。後來當主日結束，小組長邀請我參加下午的幸福下午茶會，我也是打了心門，想去了解和認識新朋友，鐵雄欣然赴會，原本總覺得生活與女兒相依為命，有些孤單，渴望家的溫暖，而真的在這裡找到了這樣的溫暖。並且當聽到了小組長他們對著我說，歡迎你回家，鐵雄瞬間像是找回失落已久的家人，感動無以復加。我感受到內心的一個開關被觸動了，那些神給予的恩典就是啟動塵封已久心靈的鑰匙。鐵雄形容，他感覺自己原本就像一台功能完備，卻已經很久沒被啟動的車子，那個開關開啟，引擎終於發動後，轟轟轟內心溫暖加熱的感覺，他找到了力量，前方充滿了希望。

就在那時候，鐵雄心中下了很大的決心，這一生矢志要追隨神的腳步，那次活動他受邀填寫了受洗報名表，通常情況，第一次參加聚會就填報名表要受洗的機率，大約不到 5%，但已經感受過神蹟的鐵雄，已經做了立志，他接受恩典，歡欣受洗，正式投入基督的懷抱。並且，他也立志，在主的引領下，他會更努力的去愛這個世界，愛他的家人，愛他的事業，而他也希望自己能夠在將來大約四十歲左右，成為神的僕人，當個傳道牧師。

◈ 一款可以真實模擬人生的遊戲

當心裡有了陽光，到哪世界都是一片光明。

2020 年，鐵雄的事業迎向一個新的契機，他相信這是神指引他的一條明路，既可以結合鐵雄自身的事業，又可以全方位地去幫助更多的人。

　　那個新的契機就是：財富流沙盤，2 小時，模擬人生 40 年。

　　在這領域，鐵雄已經開創了奇蹟，他在 2020 年夏天開始接觸財富流，就在短短約一百六十天的時間，他組建了一個擁有一百多個教練的團隊。原先創業時，他立志要幫助一百個家庭，如今他早已達標，他要大幅提升助人的願景，要幫助上千個家庭。

　　提起財富流，許多人可能第一個聯想到在全世界有段歷史的現金流遊戲，但其實這兩者境界完全不同，財富流已經超越財富規劃的格局，著眼更全面和豐富人的一生，可以收獲到人生的六商，透過財富流都可以得到寶貴的智慧，這六商亦即：財商、情商、逆商、玩商、覺商以及健商。

　　揭示出人的幸福包含全方位的領域，財富只是其中一環，更要兼顧健康、情緒，以及逆境的承受力等等。而財富流遊戲，是鐵雄非常推薦，可以僅運用一場場遊戲就可以獲得如此寶貴人生智慧的媒介。

　　鐵雄記得初接觸是在 2020 年八月，影響他投入這個領域的人正是出版打造超人思維、打造超人大腦、遠距工作這樣做等暢銷書的作者鄭伊廷。在參加鄭老師的活動中，剛開始在旁邊觀戰，單單如此，他就從參與活動的朋友互動中，悟到很多令他很有感人生智慧，參加者不乏醫生、老師、企業主，鐵雄很驚訝世上竟然有這樣的遊戲可以做到如此貼切的模擬人生，將人生的許多元素融入每個人決策與生命機運裡，

真正透過遊戲可以改變思維，重新思考人生最佳的走向。

　　原來，財富流表面上是一個以財富多寡來做勝負競爭的桌遊，實際上卻刺激著真實人生的種種抉擇以及價值觀，也可以發現，遊戲刺激著我們重新審視過往以來可能錯了很久的想法，透過調整潛意識，我們可以真正把遊戲中學到的智慧應用在生活中，甚至變成一種直覺，當走在人生十字路口，碰到重要抉擇時，一個經過訓練調整過的潛意識，就會做出勝率最高的判斷。如今，鐵雄 Henry 教練帶領超過 100 多場財富流沙盤，是全球十大明星財富流教練之一，在全球也有數百位教練團隊，每天幫助上百個家庭。

◈ 用愛讓旅宿夢想成真

　　於是，結合著原本的旅宿專業以及財富流，鐵雄要打造一個身心靈旅宿殿堂。

　　談起旅宿，一向擁抱新科技、新觀念走在最前面的鐵雄，2013 年 Airbnb 剛進入台灣，就加入 Airbnb，提供國內外背包客，有個住宿空間的人。鐵雄更是台南觀光產業的許多觀念開創者，他是台南民宿的先鋒，後來也陸續帶起了台南的民宿風潮。

　　最早時候他只是落實空間分享概念，還未實際踏入旅宿產業。直到後來，鐵雄從悲傷中再振作起來，彼時他重新審視台南，也發現這個古都，幾十年來，都是台灣人熱愛的觀光熱點，並且台南市的特色，景點不是單一單一分散的，而是可以將整個城市都視為一個古蹟巡遊場域。當然，那年代，很多現在看得到的觀光規畫都還沒成熟，也還沒甚麼文

創園區、網紅導覽吃美食這類的主題旅行。

2020 年他更是開始著手規劃主題式旅店。這回，他想要打造的是一個真正的夢想旅店，並且充分結合夢想與希望的概念。這家店將於 2022 年開幕。由夢想和住宿結合的療癒主題旅店「1225」，命名正式植基於鐵雄對耶穌的愛。

而旅店的背後，更有他對女兒的愛。

回想經由遇見奇異恩典以及參加了財富流，再次尋回初心和築夢的熱誠與勇氣，鐵雄當時築夢的第一個念頭，就是要找回初衷。他依然還記得，當年他在中學時代，曾在週記寫下他的人生願望，就是想要幫助很多的人。

但怎樣幫助很多人呢？從前他的思維就是朝慈善公益方向走，就是設法要讓自己賺錢後，行有餘力可以出錢出力救助貧困的概念。直到接觸到財富流之後，他才終於發現一個真的可以有效幫助很多人的媒介，就是帶人玩財富流。

◈ 找到人生的軍師教練，加速及修正往目標邁進

某個角度來說人生其實也像是三國遊戲裡的帶兵打仗，需要很多的謀略。但誰是我們的軍師？原本人生該充分學習到的六商，學校教育並沒有教導，要靠自己在人生摸索，往往撞了滿頭包傷痕累累後，人生也已過了大半。如果可以有機會提早思考，並且大量練習模擬人生的經驗，那對人生一定有很大的助益。而財富流正是這樣的策略遊戲，一個人可以在財富流中，領悟到真實人生可能要十幾二十年才領略到的智慧，如果多玩幾次多訓練自己的判斷力，那更等同一個人可以擁有好幾十年甚至好幾百年的人生經驗值，這絕對有

助於一個人在現實生活中找到最佳的成功模式。

　　有非常多人體驗沙盤後，都跟 Henry 教練說：「如果能早 10 年 20 年 30 年甚至 40 年、50 年體驗過財富流沙盤推演，人生會過得更好，更不一樣。」

　　你有找到人生的軍師和教練嗎？

Line ID

◈ 給女兒愛的訊息「公主城堡」── 1225 夢想療癒旅店

1225 夢想療癒旅店的背後，有著鐵雄對女兒深深的愛。

他記得在 2014 年，當女兒還在媽媽肚子裡時，感性的鐵雄就曾想著人生無常，這一生如果提早到天堂，那該留給孩子甚麼呢？

那時他沒有明確答案，只知道要留給孩子很多訊息，讓孩子知道爸爸真的很愛她。如今，鐵雄已經可以形容，那該是怎樣的愛，就像是天父的愛，而具體的化身就是這家旅店。

鐵雄營造的這家 1225 夢想療癒旅店，每天都會有很多來自線上和線下世界各地的背包客和旅人，他們都會樂意和大家交換資訊，帶給女兒來自天涯海角各地方的訊息。旅店回饋給這些旅人，則是一場一場的心靈洗禮，透過財富流遊戲，讓她們重新點燃生命的希望和看到人生的方向。

其實，每個夢想都必須被重新點燃，而這需要『覺醒』，也就是說，光是覺察是還不夠的，只有覺察並無法翻轉人生，唯有改變才能翻轉人生。

這是一間有愛有夢有希望的療癒旅店，這是一間給予身心靈富足的旅店。鐵雄衷心希望讓每個旅人在這裡時，內心已經感受到不一樣的體悟，感受到滿滿幸福喜樂的狀態，迎接下一個旅程。

這也是你想要的嗎？Henry 教練在線上和線下等候你來體驗，投資 2 小時，改變未來 40 年，並且留下身心靈富足的美好回憶。

你知道人生軍師教練在哪裡了嗎？和 Henry 教練一起越來越幸福、幸運、平安、喜樂。把一切榮耀歸給在天上的阿爸天父。感謝主。

思維探討：一個業務素人，要怎樣成為一個業務達人？

築夢銘言：當我願意認真踏實的看重每件事，宇宙也會回應，讓我們「心想事成」。

你的認真和真誠，宇宙一定會看見。

劉紘瑜

我原本只是個單純的護理人員，
上班時專心照護好病人，回家就當個賢妻良母，
但命運讓我必須走上一條拚生計的路。
從沒業務經驗的我，必須從零開始闖出一番成績，
沒有懸念、沒有退路，
幾年後，驀然回首，我竟然就這樣成為銷售常勝軍。

◇ 被迫必須走上業務之路

　　如果人生可以從來，是否可以做得更好？是否可以改變甚麼？

近年來，投入許多專注力在靈性修養的劉紘瑜也曾這樣自問。答案是，她真的已經盡了全力，那些超越人力可以掌控的事，除了調整心緒、撫平哀傷，她也真的無法改變甚麼。

那是一段現在想到，依然心很痛的日子。有長達五年的時間，紘瑜和先生日夜奔忙、心力交瘁，因為她倆的第一個女兒，一出生就不幸感染了腦膜炎，之後嬰兒幾度經歷生死交關，已失去免疫力的小小的身體，每隔一段時間就遭受病菌肆虐，住院的日子還比住家裡多。在急診病房，看著全身插管的女兒，紘瑜到後來已經哭到淚乾。

如果可以做甚麼來挽救，多少錢他們夫妻就算借貸賣房都願意，然而所謂的無力感，就是像這樣看著女兒月復一月受折磨，身體功能一一喪失，那時這小女孩已經沒了視力，再之後當醫生宣布說因敗血症，必須截肢。不了，紘瑜夜裡哭嚎著說，再不忍心看著孩子受苦了。最終夫妻倆簽下放棄急救，孩子離開人間做了小天使那天，紘瑜傷痛欲絕，幾乎對人生感到絕望，她的心整個破了一個洞，到現在都還無法補回來。

但現實生活不容紘瑜悲傷太久，因為，她知道她還有家庭還有責任，如果命運給她人生這樣一副爛牌，那她也不能撒手把牌丟了不管，她必須承擔。首先，這些年因為龐大醫藥費累積的債務，她和先生都必須償還。更且，在大女兒往生前幾年，他們也有了二女兒。那是在初次醫師診斷說長女已經回天乏術，家人都已經準備後事的階段，為了發願把女兒「生回來」所做的決定。後來長女奇蹟似沒有夭折，又撐

了幾年陪伴兩夫妻天倫歲月，如今長女做了小天使，夫妻倆要全心讓唯一的女兒過著幸福無憂的生活。

這就是才三十多歲的紘瑜走過的人生之路，原本如果沒有發生在長女身上的悲劇，她會在醫院繼續當個甜美的護士，跟上班族的先生一起過著平凡的人生。

但命運的安排，不會有預告，不會讓你依照年輕時摹想的藍圖走。當遽變來臨，人們要學會的，是該自認倒楣直接被厄運打倒，還是找尋方法，勇敢迎接挑戰走出逆境？

如今，從孩子重病住院至今過了八年，紘瑜已透過靈性學習，知曉這應該是她這一生來到人間，被賦予的靈魂功課。但在當年，醫院住家兩頭跑的紘瑜面對現實生活，她的人生沒有太多選擇。

她被迫必須走上業務之路。

◈ 困境中得逢貴人

每個人都需要賺錢，都想要賺很多錢。大部分人賺錢是為了追求更好的人生，具體來說，就是買所有想買的東西，以及提升到最佳的生活品質。然而，如同勵志大師安東尼羅賓說的：「驅動人生的兩大力量：一個是追求快樂，一個是逃離痛苦」，往往，後者的力量會更大，因為當事人沒有選擇，必須不斷賺錢以逃離痛苦。

紘瑜當時就面臨這樣的困境。

因為長女的病症，住院以及平日僱請看護種種，基本花費平均每月高達七萬以上。當時紘瑜必須離職照顧女兒，單

靠先生上班族的收入，維持基本生計已然有困難，至於醫藥費的部分只能靠借貸，即便已經用房屋增貸以及親友借款方式籌得約一百萬，算一算，這筆錢根本也無法撐到一年。就在那時，本科是護理，過往多年經驗也都在醫院擔任護士，都已經當到管理職的紘瑜，第一次嘗試寄履歷應徵業務員的工作。

當時考量，除了必須賺錢協助生計，原本護理工作薪資遠遠不夠外，更重要的一點，工作性質必須時間彈性，畢竟那時候，長女的狀況，做媽媽的必須經常待在醫院。於是她只從有限的選擇尋覓，亦即傳統認知的三大業務性質工作：房地產、保險以及汽車銷售中。紘瑜選擇了寄履歷到國內知名的汽車集團。並且不忘備註，她因為照顧孩子的需要，可能有很多時間必須跑醫院。

可想而知，一個過往從來沒有任何業務經驗，並且還是個必須常跑醫院的已婚婦女，這絕對不是任何一個企業想要招募的人才。就算是傳統不給底薪的企業，也應該對這樣的人沒有興趣。

但出乎紘瑜意料的，紘瑜當時不但錄取全國頂尖的汽車集團，並且，當時的汽車銷售中心營業所所長，還三顧茅廬般，為了求才，親自到醫院來拜訪紘瑜。

至今，紘瑜非常感恩那位改變她人生的貴人所長。

因為貴人的願意信任及提攜，小護士紘瑜，轉換跑道，後來成為汽車銷售冠軍女王。

◈ **為什麼要聘用我？**

　　一個業務素人，且經常得待在醫院的忙碌媽媽，值得工作繁忙、日理萬機的汽車營業所最高負責人，親自到訪，當面徵才嗎？

　　日後，當紘瑜逐漸成為汽車銷售達人，也跟所長有更多學習機會時，她誠心地和這位貴人——盧所長請益。當初為何會願意親自出馬，到醫院邀請她務必來上班？畢竟，當時連紘瑜自己都對自己很沒信心，乃至於雖然接到面試通知，也當場被告知可以錄用，但反倒她自己後來內心感到猶豫，正想著真的要踏入完全一竅不通的汽車銷售領域嗎？直到盧所長親自造訪，她才下定決心，真正去報到。

　　盧所長以彷彿就事論事的分析語調，提出他看中紘瑜的三大理由：

　　第一、紘瑜是已婚的女子，依照經驗法則，有家庭的人，穩定性比較高，就是說較少會發生動不動就請辭的狀況。

　　第二、他知道紘瑜有經濟壓力，也就是前面說的必須「逃離痛苦」的壓力，這樣的人工作必定比一般人更加格外認真。

　　第三、（依照所長說法，這點是最重要的一點。）

　　紘瑜出身護理人員，盧所長說他分析各行各業情況，就中就屬護理人員最操，最任勞任怨。

　　所以，這就是當初所長親自到訪邀請紘瑜到任的理由：難得紘瑜同時具備以上三項，特別是有護理人員願意轉戰業務挑戰的人並不多見，因此才會鄭重的當面邀約加入團隊。

　　但在內心裡，紘瑜更加相信，那是上天安排的緣分。所

長是他的貴人，是一個讓她在孩子重病感到惶恐憂慮時，一個人間的天使。

當然，會這樣說，不只是因為所長親自召募知遇之恩，而是因為在後來任職的日子裡，就是由盧所長，還有他的副手呂副所長，兩人真正很用心地，從無到有，把紘瑜這個完全的業務素人，手把手教導到成為銷售菁英。

這樣的恩情，紘瑜說她一輩子不敢或忘。

對此，紘瑜無以為報，她可以回饋上司的做法無他，就是真正踏實認真的工作。

◈ 秘訣無他，就是聽話照做

所以，一個業務素人怎麼轉型成業務高手？這中間有甚麼業務秘笈，或有甚麼特殊的培訓心法嗎？

紘瑜說，沒有秘笈、沒有心法，唯一有的，就是一顆誠心。

回憶當初她正式報到後，心知自己不但完全沒業務經驗，甚至她還覺得自己個性比較單純，腦袋不是那麼靈光。為了不要帶給營業所困擾，當時她可以做的，就是不斷主動去找主管，一直問，一直問，「請問有甚麼事我可以做的嗎？我都願意做。」

紘瑜真正做到業務培訓界常說的那句話：「聽話照做」。每當主管交辦甚麼事，她二話不說，立刻去執行。

這點真的讓大家很訝異，實際上，紘瑜入行至今（本書出版這年 2021 年）八年，也從未看過有業務同仁或新進同事，能夠做到她當年那樣認真的。就像負責培訓她的呂副所長，也經常感慨的說：「我們家小瑜啊！真的是我說甚麼，她就做

甚麼！」

　　紘瑜接到指示，從不問「為什麼」？既然她覺得自己甚麼都不懂，就真的依照主管下達指示，不只聽話照做，並且還要求自己超額達標。

　　例如新人開發業務階段，主管都會要求，每天外出尋找客戶，至少收集到五張名片。通常情況，認真一點的業務，會悶著頭依指示，整天下來收集到五張名片（也就是要拜訪五個陌生人介紹車子），而更多時候，業務們多半會找藉口將命令七折八扣的，可能一天只收集到三張名片，說自己已經盡力了。但紘瑜不同，主管要她收集五張，她私底下會要求自己：「那我就必須收集到十張」

　　記得剛開始外出掃街，也就是沿街去拜訪陌生店家，還沒走到門口，紘瑜雙腿就開始發抖，甚至初始還會在門口東走西繞的，就是沒勇氣真的走進去。都已經這樣了，還要求自己「雙倍達標」？但終究紘瑜總是告訴自己，她必須對公司負責，她還有家裡的生計要負擔，孩子還在醫院，她必須做出成績。一想通了，紘瑜就在那一刻一鼓作氣，直接走進店裡，那時的她也不會畏畏縮縮，甚至就不熟裝熟地，「嗨！老闆你好，我是汽車銷售公司的小瑜。」

　　個性單純的紘瑜，原本的個性本就帶點傻大姊的天真純厚，一開始豁出去般，直接開門見山就跟店主人說她是汽車業務，然後對方看到一個可愛女子明明有點緊張，卻又要裝成很勇敢地走進來介紹產品，也多半就願意坐下來聽聽她要聊甚麼。一回生二回熟，就這樣，當時才入行三個多月的紘瑜，每天都可以拜訪比公司要求額度更高的客戶數。在傍晚

前，帶著小小的成就感，紘瑜會拍下她今天收集到的全部名片，上傳群組。

原本只是讓新人練練膽量，結果這女孩還真的一天拜訪到那麼多陌生客人，這讓主管們都跌破眼鏡。

而新人紘瑜，也因為這樣的「聽話照做」，短短時間內就做出成績，入行第一年，她就已經年收破百萬。

◈ 那個認真的女孩

很多時候，人們以為成功者一定要經歷過甚麼特殊的際遇，或者得蒙甚麼大師開導等等，這樣才能造就豐富業績。

紘瑜卻以親身經歷，證明任何人，包括全然的業務小白，也可以憑著認真踏實，靠著聽話照做，逐步做出實績。

在第一年時候，紘瑜的認真態度真的讓全營業所的人訝異莫名，包括有時候同事間相處一段時間，男生們有時候會彼此間可能講笑話幽默一下，藉以抒放壓力，有時主管也對同仁開玩笑，例如主管可能半開玩笑地要紘瑜，某某大企業那邊，妳主動去聯絡一下，問要不要買車？結果出乎主管意料之外的，紘瑜真的完全「聽話照做」，就真的打電話給那家企業。從此主管及同仁們都知道，這女孩真的是業務界奇葩，不能跟她亂開玩笑她會當真，對紘瑜下命令時要認真仔細，交辦甚麼，她都會真的去做。

也是因為這樣的工作態度，包括盧所長呂副所長，還有後來繼任的張所長，都很樂意將自己所學十八般武藝，盡力的傳授給紘瑜。但同時在新人時期，也因應紘瑜太過憨厚直來直往的個性，主管們會刻意限制她，先不要真的去接洽客戶。

紘瑜記得，當初她加入汽車產業，就是為了要趕快賺到錢，可以負擔女兒龐大醫藥費。但公司卻嚴格規定，前三個月，她不准獨當一面去談客戶。

　　為什麼？到底要怎樣才讓我跑客戶？當時紘瑜內心有種焦慮。主管也知道，不能毫無理由的就要紘瑜不准跑客戶，因此也設定目標，基本上，就是要她做到面對車子與客戶時，可以行雲流水般做解說，唯有通過考核才能正式上戰場。

　　為此，原本完全不懂車的紘瑜，要求自己，要盡快成為流利的說車達人。那時她每天回家，在不需要跑醫院的時候，就戴上耳機，上網搜尋各個跟汽車有關的影片，土法煉鋼地從零開始聽人家怎麼介紹車子。所有有關車評或車友俱樂部之類的汽車主題官網，她也都上去用心瀏覽，硬是把那些主要是男性喜歡聊的生硬的汽車功能介紹，或零配件評論，就算死背生吞也要學會到熟練，她刻意讓自己做到，不但之後聽人家談論車自己聽得懂各種術語，還要做到，她自己都可以流暢地和人聊車子，那過程一點都不能有背書的感覺。

　　紘瑜以前不懂車，她也從來不是愛車族。但靠著刻苦學習，她真的做到了，她的工作態度，有時候讓同仁們看了都很感動，這也是後來大家都很樂意幫她的原因。多少時候，同仁都會看到「那個有時看起來少根筋的小瑜」，自己一個人站在新車旁邊，好像在跟隱形人講話一般，不斷地自言自語，從車頭走向車尾，從車這頭又繞到車那頭，就是持續地對著空氣講，盡量地講，講到變成一種習慣，她可以任何時刻，任何人一站在她旁邊，她就立刻進入「ON」的狀態，侃侃而談毫無滯礙地開始介紹車子。

好，還要更好，到後來都是紘瑜主動追著主管，要請教更多的銷售實務。這時反到主管會變得戰戰兢兢，因為面前這個甜美的女孩，卻有著認真到令人慌張的眼神，並且……她手中一定拿著已開啟錄音功能的手機，她會說：「我知道自己腦子不夠靈光，怕會記不住，所以，我等一下問問題，會邊錄音邊問，主管你不會在意吧？」

是的，誰的心能夠抗拒一個美麗又認真的女孩呢？就這樣，靠著讓全營業所，由訝異到最後衷心的敬佩，新手三個月後，她終於被允許可以賣車。紘瑜後來也從一個賣車新手，一路因業績亮眼，也提升職位，入行不到三年，就已成為公司裡的銷售經理。

◇ 關鍵就在於「認真」兩個字

你不需要是天生業務高手，才能後來變成業績冠軍。紘瑜用自身歷練說明，任何人只要肯用心，素人也可以成為冠軍，並且是長年的冠軍。

初始甚麼話術都不會？不要擔心，公司裡的銷售話術又沒智慧財產權規範，像紘瑜自己，最早時候的業務話術，就是標準的「聽話照做」，她只要跟主管一起外出歷練業務銷售，她就直接照樣地把主管那套話術，在自己行銷時照樣搬演一遍。

記得那年是民國 103 年，四月入行，六月開始可以賣車。當時紘瑜甚至用談戀愛來比喻，她這幾周以來，一直跟車子談戀愛，已經難捨難分的地步。當時，她也終於明白，為何公司前三個月都不准她真正下場賣車？那是因為，當一個人

只為銷售而銷售，卻不是真正了解產品，甚至熱愛產品，那樣的銷售不但成交率會很低，甚至可能打壞公司以及業務員本身的信譽。而一旦紘瑜真正做到已經對車子如數家珍般地熟練，那後續業績成長就會變得很快。

身為新人，她在六月那個月，就賣出了八輛車。從那個月一直到整年結算，半年左右她就賣出超過六十輛車。這不只是新人水準，根本就已到了 Top Sales 境界。

到後來，反倒連比她資深的同仁，都要過來跟她請教了。彼時紘瑜總會謙虛的說，我只是「認真」的面對客戶而已。

真的就只是「認真」就好嗎？

認真，聽來很簡單，實際上，卻很少人能夠做到。有多少人面對主管的要求，嘴巴說「是，沒問題」，內心裡卻想著「主管好囉嗦啊！交代這麼多幹嘛？」但紘瑜所謂的「認真」，就是把一件事「打從心底」好好面對。就好像在醫院面對病患，她的愛心及醫護動作不能打折扣，她面對客戶及面對主管都是一樣，很認真的從事。

例如，想跟主管學習，真正認真的態度，就是把自己當成一張白紙，而不是預設立場，主管講哪些事「我早就知道了」，或者「他講的事怎可能達成？我應付一下就好……」一個對事情習慣打折扣的人，久而久之，對客戶服務也會打折扣，更糟的是，對自己的做人處世也會打折扣。為何同樣是從零開始學業務，有人後來成就高績效，有人日子仍過得渾渾噩噩，關鍵，就只是在「認真」兩個字。

◈ 關於賣車的實務技巧

當然,「認真」很重要,這是基本態度,但讀者一定也很關心,以業務行銷,或者單純就以賣車來看,有沒有實戰技巧。

這是一定要的,畢竟,如果每個人都僅靠「認真」來賣東西,但卻沒有加上行銷策略,那終究銷售的境界也是有限。

紘瑜後來年年可以做到業績頂尖,除了「認真」外也是有一套自己的戰略。

她也強調,基本功大家都要有,但如何開花結果開關戰場,其實是各憑本事,她的方法不見得適用所有的人。紘瑜服務在汽車產業,到本書出版這年已超過八年,她已經累績出兩大客源:1)主力是服務好老客戶,2)這些老客戶不斷持續介紹新客戶。紘瑜光服務好這些客戶及轉介紹客戶,就已經佔了她超過八成的業績。相較來說,她的主力比較不是來店客或陌生拜訪客,但不可否認地,對任何新人來說,陌生客一定是最早的基礎,畢竟,老客戶也要從陌生客起頭。所以至今,即便光既有客戶已經夠多,紘瑜還是養成一個習慣,每天還是會要求自己,固定去接觸陌生新客人,讓自己不要中斷業務開發的技巧。

在業務實戰上,如今的紘瑜也偏好主動出擊,而非靜態的打電話或守候來店客。在她的銷售哲學裡,要讓客戶買單不只靠「認真」,還要靠著「信任」,最典型的例證,就是她如今老客戶占業績大多數,為何曾經服務過的客人,幾乎「終身買車」都願意指定紘瑜呢?這無關價格、無關銷售話術,而是關乎人與人間相處的真誠。

你的認真和真誠,宇宙一定會看見。

劉紘瑜

紘瑜在客戶的眼中，就是個「有溫度」的女孩，而這樣的溫度，背後有一定的熱誠，例如她可以客戶來電，她直接跑去客戶那邊，許多的客戶長期聯繫，幾乎變成是家人了。過年送禮生日寄卡片，這已經不是紘瑜的「業務技巧」，而是她的「真心關懷」。因此客戶只會越來越多，人生第一輛車找她，換新車找她，親朋好友要買車都找她，反正跟車子有關的事，都找紘瑜。

　　但若有新人業務讀者困惑著，當自己還是新人時，畢竟還沒有「老客戶」啊！紘瑜認為，人與人間的關係本就需要秉持真誠，在還沒客戶前就要待人真誠，真正有客戶時，就能「自然而然」表示真誠。另外要增加人際間的溫度，平常跟同事間就可以訓練，例如紘瑜喜歡學習，她總是不恥下問，並且她還有個特色，就是喜歡快速地「學以致用」，可能上午剛和前輩學到一個話術，中午有人來看車，紘瑜就當下立刻應用，每當成交後，她也不忘回頭去感謝教導她的人：「學長啊！你教我的那招好有用喔！我剛剛因此就成交了一輛車耶！謝謝你。」

　　如果是你，當一個笑容甜美可掬的女孩，跟你這樣說，你會不會心花怒放，因此將來有甚麼招式都很樂意再傳授給她呢？

　　當然，這裡不是說只有甜美女孩才能展現熱誠，任何人，只要願意心存感激，對教導自己的主管前輩表達謝忱，和展現學習的認真態度。那麼，你能跟同事如此，後來也一定可以對客戶如此。

◈ 更上一層樓

如果說紘瑜在入行第一年就已經做出成績，成為令人敬佩的銷售高手，那她後來還可以做到更好嗎？

如今的紘瑜，已經不是要讓自己成績頂尖，並且，她也希望可以藉由她的努力幫助更多的人。所以，後來紘瑜的很多行銷作為，都是以帶給全公司銷售佳績為目標。

大約在入行第三年起，紘瑜更加發揮她原本帶點傻大姐的天真個性，她真的可以很開放地，像個鄰家女孩般跟客戶及同仁打成一片。其實當時的她，一方面那時長女仍不時出狀況要跑醫院，一方面她也能暫時拋下憂傷，努力的成為公司裡的開心果。她那年開始，因為一個念頭，忽然想要組建粉絲團，藉由網路的力量，紘瑜不只是個樂觀開朗陽光女孩，甚至她還不惜扮演著搞笑女孩。她透過社群，結合時事以及自學的影音軟體應用，時而在鏡頭前跳起螃蟹舞，時而變裝搞怪一下。並且，她還把同仁們一起都找來，大家共同「入戲」，拍出許多有趣的影片，有的還變成網紅影片，乃至於有段時間，走在路上，都有路人指認紘瑜，「妳不就是最近爆紅的那個某某某……」

客戶們也都高興，甚至跟朋友誇耀著，啊！知道嗎？賣車給我的那個女孩，是網紅喔！一些尚未買車的客人，也因為這些網路行銷，覺得紘瑜的公司還真的是很具備親和力，這對整個營業所的業績，也一定帶來相當的助益。

除了讓自己不斷突破新境，為自己和公司帶來更高業績，紘瑜自己本身，也從不間斷的學習。

你的認真和真誠，宇宙一定會看見。

劉紘瑜

民國 108 年，紘瑜的長女在與死神搏鬥了五年後，還是回歸天上做了小天使。紘瑜內心充滿哀傷，但她依然能邊哭邊站起來，她知道她要更堅強，她要讓家庭讓事業更茁壯。

　　這些年來，她除了跟林裕峯等名師學習業務銷售技巧外，更花了許多時間，投入心靈層面的修練。也因此才三十多歲的她，在甜美可人的外表下，還會有一種靈性的氣質。她可以和客戶談論最新的汽車趨勢，也可以深入內心聊起靈魂的課題。

　　她逐漸了解，這世間各種的宗教，都是勸人為善，但根源是來自於宇宙的力量。所謂「心想事成」，當一個人內心有善念，有真正的願景，少了怨懟，多了感恩，那上天自會安排更多的貴人，來予我們協助。

　　是的，這就是紘瑜，一個在賣車產業有些名氣的銷售女將，卻也同時是一個「用心」過人生的精神導師。她相信，冥冥中上天都會安排天使守護著我們，也相信認真過生活的人，身邊的客戶朋友都會是自己的貴人。

　　你認真過生活嗎？你擁有很多貴人嗎？

　　或許在學習銷售以及各行各業的實戰技巧前，先讓自己成為夠認真，且內心充滿感恩的人。不論神靈是否與自己同在，至少，你在這世間，是個令人敬佩踏實工作的存在。

Part 2

事業經營篇

築夢者心法

思維探討：當長期業績碰到瓶頸，當人生走到十字路口，該如何突破？

築夢銘言：方向正確很重要，方向對了，再來找到最佳的做事方法。若方向沒找到，應該先靜心思考自己該走的方向。

人生，就是用正確態度
走在自己選擇的道路。

盧志鵬

看著那些初入行想要有所突破，卻又感到倉皇無措的新人，不禁就想起當年的自己，

如果可以藉由我的一席話，省卻他們好幾個月的摸索，

我都會不吝的分享我的寶貴經驗。

前提是對方必須要有心，

能力、技術都可以靠學習提升，但若無心，就甚麼都不必說了。

◈ 心態最是重要

　　不只一次，在和朋友一起去咖啡廳用餐時，志鵬會跟朋友說，他要做一個小測驗，他會找個時機當服務生到來時，講一個跟這家店有關的笑話，然後看那個服務生的反應。正常來說，針對那個笑話服務生會做出一定的反應，畢竟，他是「這家店的人」，然而若對方感到不痛不癢，對那笑話不在乎，幾乎就可以看出那個服務生的工作態度。

　　心態是最重要的，這是盧志鵬，多年來由一個新手業務，曾經長達一年沒業績，到後來業績亮麗甚至創業擁有自己的事業，經歷這許多年來，想分享給年輕人在職場上最重要的一件事。

　　以那位服務生來說，明顯地，他並不熱愛這份工作，然而，是否熱愛這是一件事，但至少當穿上咖啡店的制服，此時此刻，你就代表這家店，這是屬於責任的問題。如果既沒有熱情也缺乏基本的認同，那麼，工作就真的純粹只是用時間換金錢，「這家店是好是壞與我無關」的心態，從年輕時候就養成這樣的心態，那麼，將來無論去到哪個場域，都難以變成一個讓團隊信任的人，如此，職涯前景堪慮。

　　現在已創業有成的志鵬，過往也是從諸多摸索中，找到自己的路。在青年時候，他有長達 19 年的時間，在水電行服務，之後又轉戰傳直銷產業，直到已經 45 歲，才踏入房仲業這行。中年轉業，比起一般年輕人，在體力耐力以及家計負擔上本就壓力更大，更何況，擔任房仲業務，又是大家都知道的，做業務挑戰性很大。但那年，志鵬就是秉持著「我就

是要在這裡做出成績」的志氣，後來也用事實證明，他可以突破種種限制，創造成就。

◈ 人生是否該嘗試轉型

　　如同大部分初入社會的年輕人般，當年志鵬也是邊工作邊摸索自己的生涯之路。他自認不是很會讀書的料，也早早就選擇技術性質工作，成為一個水電工。那年代，水電這種傳統行業，仍然採取師徒制，年輕人就在師傅的嚴厲管控下，每天認分的做事。從青年做到中年，長達 19 年的歷練，志鵬自然在這個領域上可以做到非常專業，他也擁有這行業該有的諸如甲級電匠、室內配備技術士等執照。

　　但然後呢？

　　志鵬經歷這許多年「生計沒問題，但也就只是這樣」的日子，逐漸感到焦慮，人生不是該追求更多的可能嗎？志鵬和一般人一樣，也希望自己更有錢、能夠帶給家人更多的幸福。但如果走在舊有的道路上，能夠到達新的境界嗎？顯然是不可能。當時每月收入五六萬，今年如此，明年如此，未來也不會有多大改變（只除了年老力衰後，收入遞減甚或歸零）。

　　終於，在不惑之年，志鵬做出了生涯一次勇敢的轉型，當年也因為母親身體不好，孝順的志鵬想要多照顧母親，那時接觸到賣保健產品的傳直銷。中年跳出舒適圈，跳入傳直銷領域，從零開始學業務，靠著過往積蓄，撐過初期的青黃不接，後來逐步做出成績，雖然月入仍是五六萬，跟做水電工時期差不多，但至少每月可以挑戰更高收入的可能性。

正當志鵬全心投入他的傳直銷事業，不料，總公司突然決定轉型，將制度改為須結合店鋪銷售，為了配合公司政策，志鵬也開了自己的店面。但這樣的轉型最後以失敗收場，開店一年後，因為入不敷出不得已將店關門。彼時已經 45 歲的志鵬，真的覺得放眼天地間，一片茫然，他有著中年失業的人生危機。

所以，當初本就不該挑戰跳出舒適圈嗎？做人就該安於本分，乖乖在原本工作崗位服務到退休嗎？

志鵬的內心天人交戰著，這也是他人生中最迷惘的時刻。

其實，每個職涯人，一定也經常思慮著有關前途的問題，很多時候，人們聽到很多理論，但難以行動。畢竟，書本都告訴人們要立志、要積極上進等等，可是實務上，當一個人遞出辭呈，就代表下個月立刻沒收入，你敢嗎？而以志鵬當時的狀況，更是嚴峻，他是已經嘗試過了，卻落得失敗收場，那接來該怎麼走？

畢竟，他已經不是年輕人了。

結果，上天自會給我們答案。

只要有心，那麼，就會發現，一切的不順，都只是上天給的考驗。當上天為你關上一扇窗，接著就會為你開啟另一道門。

很快地，志鵬找到他的那扇門。

◈ **中年踏上房仲業務之路**

正好是民國一百年，也是志鵬的房仲事業元年。

原本志鵬就很熱愛學習，特別是遇到生涯瓶頸，他更需要藉由專家的上課分享來找答案。那一天，剛好志鵬的朋友邀他去聽一場跟土地稅務相關的講座，志鵬因為自己家族擁有土地，所以也對這個主題有興趣，就答應去聽講。結果，那一回的講座，講師的一些話觸動了志鵬的內心，讓他決定，自己也來投入房仲業這行。

第一年真的很坎坷，以房仲的術語來說，就是整年都沒有「冒泡」。那真的是比坐吃山空還慘，因為不只是「整年沒收入」的概念，並且每月每天都還得為工作付出許多時間以及不菲的支出。業績沒做起來，但各種交通成本，廣告行銷成本，像是調謄本等等，都需要自己掏腰包。

那真的是段考驗期，如果一個沒甚麼社會歷練的年輕人，有可能做不到三個月就受不了離開了，事實上，高離職率本就是業務性質工作的常態，特別是房仲產業。但志鵬卻選擇繼續撐下去，不是因為他已中年沒有退路，而是他內心真的有種強大的信念，他就是認為他一定可以做出成績。

感謝之前從事傳直銷的經歷，傳直銷產業一大優點，就是會有頻繁的課程，許多都是和心靈勵志有關，邀請名師來為大家做激勵。也在那段時間，志鵬學到很跟信念提升相關的課程。當時的學習，對於後來志鵬的房仲業務突破，的確有幫助，所以志鵬說，人生的每個階段，只要曾經認真投入，絕不會白費，就像這樣，雖然傳直銷事業他最終沒做成，但依然帶給他後來人生一定的幫助。

靠著當時種在心中的勵志信念，每當碰到挫折不順，志鵬具備更高的抗壓性，願意日復一日去面對挑戰。他每天出

門前，都會穿戴整齊，然後對著鏡子喊著：「志鵬，你可以的，你是最棒的。」

心靈武裝後，就可以出去面對坎坷的業務挑戰。

◇ 三個工作基本重點

如今已經在房仲產業做出成績，自己也創業當老闆。志鵬回首他的房仲打拼之路，他要衷心的從過往經驗中，萃取出三個重點：

方向、態度以及勤奮。

態度非常重要，但為何三個重點中，「方向」排第一呢？那是因為方向錯了，後面再怎麼努力都是錯。

因此，志鵬非常強調，年輕人做任何事，第一就是要先想清楚自己想做甚麼。其實這無關對錯，而關乎每個人的選擇。例如某甲看好科技產業有前景，決心投入這行，他本身也有工程師背景，那樣很好。但某乙也因為聽說科技產業有前景就想投入，但他卻一沒相關背景二也對這產業沒興趣，只為了可能有高收入就投入，這樣對嗎？那就有待商榷。

人生路，最忌諱的就是走錯方向。那麼，能力再強、工作態度再認真，到頭來也會是一場空。志鵬形容，那就好比今天我們站在高雄，然後嚮往台北，但卻選擇往南走，往南走有甚麼？再怎麼趕路，最終都只能落入不可避免的結果，就是去到再無路可走的海邊。相對來說，方向對了，那麼不論是開車或搭車，終究仍會到台北，就算資質較差，比喻起來就好比是用走路的方式，雖然會走很久，最終也還是會到目的地。

人生，就是用正確態度走在自己選擇的道路。

看似很簡單的道理，實際上卻是多數職涯人無法做到的。放眼周遭，有多少人，做著自己不喜歡的工作，每天連起床上班都覺得很痛苦，要知道，世界上有個東西不等人，那就是「時間」。當每天不快樂的同時，一天一天也持續過去，並且歲月失而不復返。

所以，有機會志鵬都會跟年輕人討論，你知道「你要去哪裡嗎？」「你看得到十年後的你，並且認為那是你要的狀態嗎？」「你真正要的是甚麼？」

在自己的房仲公司，總有許多年輕人，工作大半年了，卻做不出業績。志鵬從來就是不吝傾囊相授願意教導後進，但有的人，怎麼教就是不長進，為什麼？因為對方就是堅持要照他原本「錯誤的方式」走，這時候，志鵬會把那人找來，嚴肅但真誠地問對方：「你是不是該認真的想想，這並不是適合你的路？」

有一種情況，對方雖然還沒有業績，但卻堅定的表示，他要繼續走這條路。好吧！那就代表至少對方覺得自己沒走錯路，那志鵬就會持續輔導對方，希望他終於能做出成績。

只要肯用心，志鵬還是不吝於給對方發展機會。畢竟，志鵬自己當初也曾有長達一年都無法做出成績。

那當年他是如何突破的呢？

◇ **要有心才能突破**

在三個工作基本重點中，包含方向、態度、勤勞。但讀

者要問，為何沒包含做事技巧和方法呢？那是因為，只要態度對了，自然會找到方法。並且可能某甲用 A 方法，某乙用 B 方法，殊途同歸，只要目標可以達成就好。

態度還是根本。

首先，志鵬雖然初始業績總是無法突破，但他就是相信自己可以做到。因為這樣的態度，所以他並沒有被挫折打倒。當然，他也自承不是聖人，很多時候，當忙到天昏地暗，到頭來卻仍沒有成果，難免會在心力交瘁時，也會問自己是否該放棄了？這時候內心是否夠堅定就很重要，如果一個人根本就不喜歡自己的工作，好比本文最初提到的那個咖啡廳服務生，那一定是隨便一個挫折就可以讓他打退堂鼓。

當內心堅定，想事情的方式就不同。沒信心的人會自問：「我是不是該離開了，我該何去何從？」但信心堅定的人，問自己的問題則是：「為什麼做不到業績？我該如何去突破？」

思維不同，結果就不同。當初如果志鵬選擇質疑自己的決定，那隨著一個月一個月都沒業績，最終他一定是離職。但志鵬選擇找方法，找方法前，要先認清自己產業的特色，這樣才不會只是空想。

以房仲業來說，這產業有個特色，一般銷售產業，都是一次行銷，也就是，統一貨源，然後各憑本事對外銷售，不論是賣車、賣保險、賣保健品，都是如此。但房仲業不是，房仲業是典型的二次行銷，就是說，要經過兩階段行銷動作，第一階段要先開發，第二階段再銷售。這不是統一貨源，可能一百個房仲業務，每個人有自己的貨源（也就是待

銷售的房子）。

在業界，有的人專職開發，就是負責去找出待銷售的物件，有的人專職銷售，就是把這房子賣出去。無論何者，總之開發和銷售必須連結，才能產生業績。後來志鵬就發現，他應該從這裡找突破點，也許過往他的方式都錯誤了，所以遲遲做不出成績，現在他決定把重心放在：開發物件。

說起來，也算是上天安排的機會。否則光坐著空想，志鵬也不會找到答案。

志鵬突破的關鍵，就在於他找到「開發」的訣竅：與其一個一個四處尋覓案源，那就好比是去尋找一棵棵大樹，那麼，何不直接去開發「森林」呢？

以房仲產業來說，這個擁有許多大樹的森林，就是「大型社區」。

志鵬後來因為方向正確，方法也正確，最終不但做出成績，後來還因此創業用有自己的店。

◇ **找出一座座大樹眾多的森林**

一開始純粹是因緣際會，但也因為志鵬有心，才會發現到可以切入的點。

那回志鵬依照往例，以銷售為主力的他，和同儕借件（也就是開發者是他同儕，他和他借件去銷售他的房子），因為要拿鑰匙，所以進入到某個大型社區，那裡總共有高達七百多戶住家。

當時在社區，他邊讚嘆著這社區挺美的呢！邊腦袋裡閃過一個念頭，他忽然想到，這麼美的社區，當初那位開發者

是如何找到這裡的呢？心中一有疑惑，志鵬立刻想去找答案。從前的傳直銷訓練，有教導一個人際關係不敗秘方，叫做「施小惠」，當天志鵬就以施小惠的方式，找到管理室的秘書，請她喝飲料講讚美她的話，然後切入主題，問他有關那戶房子銷售的事。到底那個同行怎麼找到這個案件的啊？

答案竟然是，不是他自己來找到的，是賣方主動找那個仲介的。

為何主動找他？因為有看到廣告啊！

志鵬豁然開朗，接著問，在哪看到廣告。原來是登電梯廣告。

是啊！過往怎麼從來沒想到，社區有七百多戶，如果大家每天進出電梯都看得到那個廣告，那以後買賣房子都找他，那就不愁沒有案源了。

志鵬細問清楚，登電梯廣告一個月多少錢，再接著問，如果登一年有沒有優惠？答案是登一整年可以打八折算起來要四萬多元，並且會是獨家的，只要張貼某甲的房仲廣告，就不能再張貼某乙的房仲廣告。之後也問明，原本那個房仲同行，他是每兩個月才登一次，下個月剛好他沒有登。

當機立斷，志鵬立刻跟管理室說，他要登一年的廣告。其實當時志鵬的資金不足，他還得跟朋友借錢，才能隔天付出那四萬多元。但志鵬相信他這樣做一定會成功。

果然，就是這個決定，讓志鵬事業大翻轉。

從那年開始，志鵬業績年年都是百萬以上。

究其因，買賣房子對每戶人家說都是人生大事，碰到大事要找誰呢？要找信任的人。而一個每天進出電梯都會看到

人生，就是用正確態度走在自己選擇的道路。
盧志鵬 - 69

的名字，看久了有了印象，當然就會列為聯繫人選。因此，志鵬不需要主動去拜訪每戶人家，而是當有人想賣屋，就會主動聯絡志鵬。並且既然合作過第一次，就有機會長期合作，未來這個客戶的親友想賣買房子也會找志鵬。特別是對買方來說，買到房子進入這個社區，第一個認識的朋友是誰？就是志鵬，他們是透過志鵬買到房子的，因此將來買賣也都交給志鵬。

就是這樣，一個方法通了，於是整個世界豁然開朗。志鵬於是將工作主力放在開發案源，他主動去找到類似這樣的社區，等於是去開發一座又一座的森林。並且是卡位制，這座森林志鵬發現了，那就長期是他的。就算後來有人想介入都難。例如志鵬最早刊登廣告的那個社區，兩年後，管委會改變政策，說不再以獨家方式，其他房仲朋友也可以來刊登。但那時候，志鵬已經不擔心了。畢竟，已經經營兩年了，後來者都難以取代志鵬的地位。

事實上，還真的有一位同行，也去那個電梯登廣告。通常廣告上會寫著成績，當時志鵬的廣告單寫著「賀！又成交一戶。志鵬已經在本社區成交 36 戶」，然後那個新來的房仲也貼著他已經成交 19 戶云云。

那天志鵬正好去帶看房子，客人看到兩張廣告，說志鵬很厲害。但志鵬搖搖頭，說不不不，另外那一個比較厲害。為什麼？客人問，你有 36 戶，他才 19 戶。志鵬笑問，你想想，我用心經營了兩年，才做到 36 戶，那個新人只來「一天」就有 19 戶，當然是他比較厲害。

客人愣了一下，接著就哈哈大笑。

談到此，志鵬也要分享另一個跟態度有關的人格特質，那就是做人要誠信。

◇ 職場上應有的態度

志鵬回顧他這一路走來，雖然中間難免碰到挫折，但不論任何時候，總是有貴人相助，上天也願意指點他發展新路。很關鍵的一點，就是他做人誠信，另外，跟誠信有關的另一個態度，就是負責。

以年輕時代，志鵬擔任水電工時為例，這長達 19 年的時間裡，他算一算，總共遲到不到十次，並且都是因為不可抗力，才導致較晚到公司。志鵬覺得，會經常遲到的人，根本就不正視自己的工作，甚麼塞車、下大雨等等都是藉口，以志鵬自己來說，他要去任何地方拜訪客戶，總會把各種狀況預留進去，寧願早點到等對方，也不要後來因為交通堵塞等狀況，然後急急忙忙跟客戶道歉之類的。

這就是一種態度。

跟態度息息相關的一件事，就是熱情。要態度正確，才有熱情。

一個人先要看重自己的工作，然後就會有認同感，有了認同感，才能散發熱情，否則就算面露微笑，可能客人看到的也是一種虛假。

熱情真的很重要，表示你很喜歡你現在的狀態，並且你願意用最好的狀態，去服務客人。熱情不只代表自己，也代表你背後的公司，如果一個員工冷漠對應客人，那客人不會記住這個人，可能轉頭早就忘了他的長相，卻會記得這家公

人生，就是用正確態度走在自己選擇的道路。

司就是用這種方式服務客人的。

　　一個人如果實在在自己的崗位上，連笑都笑不出來，每天都很痛苦，那真的就是走錯路了。與其自己痛苦公司也痛苦，真的應該認真想想自己真正該走的路。志鵬也想跟年輕朋友分享，路沒有一定的對錯，在某個領域上的白癡，可能其實是另一個領域的天才，好比說你要老鷹去參加百米賽跑，他永遠落後，難道因此就認為自己無能嗎？地面不是你的戰場，天空才是。

　　有人也許不討厭現在的工作，但也不是特別熱愛，就只是不好不壞，那時該如何呢？志鵬建議大家主動去找熱情，以業務工作來說，很少人天生就熱愛業務，熱情往往是後來累積的，例如每天去想到因為自己的產品可以幫助多少人，每天設定目標，今天要拜訪十個人等等，如此，就會創造熱情，例如今天已完成五個，就會想，還有五個，我要加油！這就是熱情。另外，人生不同階段，也總是會有熱情因子，例如，原本你是第一線業務，你挑戰業績，每天充滿活力，後來你因績效升任主管，這樣，你又有了新的目標，你要學管理，你要懂得分配工作，於是你又有新的熱情，每天都很開心，因為有很多新的挑戰。

　　志鵬的人生一步一腳印能夠到達今天的成就，都跟他態度有關。過往還是新人時候，他因為態度誠懇，做事認真負責，因此老闆願意多教他東西，客戶也覺得他很誠懇，願意將案子委託給他。後來志鵬逐漸成就自己事業，他除了踏實工作的態度，也重視如何助人。志鵬分享做人成功的一大關

鍵，就是「利他」。

對客戶是如此，當你不是一味地只想到自己可以賺多少抽成，而是願意站在客戶角度想事情，就算因此後來傭金較少也沒關係，這樣的態度，客戶感受得到。

對朋友是如此，當你願意有時候不計較得失，純粹的為朋友付出，甚至志鵬有時候，把好的案子推薦給朋友，讓別人去賺。心中無所求，最終反倒得到更多回報。

對員工是如此，志鵬看到新人總以同理心慈悲心對待，就會想到，當年自己也曾和新人一般惶恐，他如今身為領導者，願意將自己經驗，和新人分享。

秉持著正確態度。

願意利他、擁抱熱情、認真負責，這才是處在職場上應有的態度。

◈ 找出最佳的工作模式

因為找到一個利基，志鵬藉由社區開發，創造自己的市場。這個模式，他也不吝分享，重點一方面，開發社區也需要下功夫，此外，就算開發到了，也還要懂得賣啊！畢竟房仲產業是需要二次行銷，不要以為有開發到森林，就代表一定可以銷售木材。後面依然要靠本身的人格魅力，客戶才會指定要跟你買賣房子。

所以，成功方法是植基於正確態度上。

其實志鵬初加入房仲產業那年，正好是房仲產業比較黑暗的一年，一百年六月一號，台灣開始施行奢侈稅，對房地

產投資業者帶來很大衝擊，那一年也是很多房仲業務選擇離開的時候。志鵬卻反倒選擇在這一年入行，最終他也做出成績。可見事在人為，好的環境依然有人失敗，壞的環境也還是有人成功。

房仲這一行相對來說，真的對新人挑戰性比較大。原因之一，就是業務工作，經常總公司會放任一個人自生自滅，像志鵬這般後來自己開仲介門市後仍願意用心帶新人的不多。基本上房仲產業適行森林法則，講究的是適者生存不適任者就自己被淘汰。房仲業務，大部分也都沒有底薪，能夠活下去各憑本事，至於有些大集團員工有底薪，但相對的抽傭比較少，孰好孰劣，要看每個人自己的選擇。

志鵬要告訴年輕人的是，產業雖嚴酷，但本來我們就不該指望一定要被誰帶領，那是一種依賴心態。志鵬自己是在市場上磨了一整年，撐過艱困期，才找到方法的。而他提出的方法，也不一定每個人都適用。重點在於，每個人碰到困難挑戰，要能夠自己找到生存的模式，這也才是人生的樂趣。

志鵬自己以社區開發方式成就業績，但他看到更多房仲業的冠軍業務，每個人也都有自己的一套法則。無論如何，每個成功者背後，除了方向、態度跟勤奮外，也都一定會開發出各自的方法，而每個方法都植基於事先做功課。

像房仲產業生態，志鵬就提出分析。這個產業，分成開發以及銷售的身分，只要用心去想，就可以計算出，若賣出一間房子整體利潤算 100，那麼，若開發房子的人同時也是賣房子的人，他就可以賺到那 100，但若開發者和賣屋者是不同人，那賺到的錢是兩人來分，通常若採獨賣方式，那開發者

拿 60，賣屋者拿 40，若採不限制獨賣開放銷售方式，那賣出後開發者拿 50，賣屋者拿 50。可清楚看到，開發者處於不敗之地，亦即，最好的情況下，他可以拿到 100，或最差他也至少拿到 50。相較來說，賣屋者，可能代理五六間房子，最終一間都沒賣出去，忙半天，一毛錢都賺不到，最後若賣出了，他最多也只賺 50%。

基於以上分析，志鵬個人建議的業務做法，主力放在開發，行有餘力再兼做銷售。而致鵬也看見，許多的同行，每天辛苦奔忙，明知道原本賺錢的模式很辛苦，卻仍不願意改變。為什麼？因為習慣了。

習慣是很可怕的事。

他們每天起床，就基於習慣，拿著手中的借件，然後一整天排滿行程帶看屋，也許偶爾腦中閃過是否可以改變新的模式，改為將主力放在開發。但往往念頭只是一閃而過，畢竟，照原來模式工作最簡單，還得想法子改變新做法，那太累了，改天再說。

就這樣一天拖過一天，明知道有更好的方法，卻從沒化為行動去做。

志鵬說，這就是很多房仲業者的現況。但同時也是職場上數十萬人的現狀。

各位想想，你們是否也曾這樣。質疑自己現在的生活方式是對的嗎？但想歸想，後來卻還是照舊依原本習慣做事，因為這樣最簡單。等到年紀更大，才真的想要改變，往往已經太遲了。

當然，只要有心，年紀不是問題，例如志鵬自己，也是45歲後才進入房仲業。但以現實考量，志鵬仍鼓勵大家，應該趁年輕的時候，勇於挑戰生命中的不同可能，認真去想甚麼才是自己該走的路，若發現原本的做法不對，也要勇於正視現況，勇敢的去改變。相對來說，等年紀更長，若已經結婚生子，那時候顧慮太多，就更難轉型了。

　　而今，志鵬擁有自己的事業。但他依然保留未來發展的多樣可能。

　　明天會更好，心態正確，未來就真的會更好。

思維探討：人的一生怎麼做選擇？怎麼跳脫環境束縛，勇敢追夢？

築夢銘言：困惑時，請停下來和自己對話，聽聽自己內心的夢想，然後再出發。

那個從洗頭妹做起的投資事業家

何琳琳

也許我只是個洗頭妹，但我有我的規劃。
也許我只是個紅茶妹，但我有我的夢想。
我知道我不是大美女，也不是甚麼厲害的咖，
我沒有社會認定的種種優勢，也沒有任何可被視為成功特質，
但就是這樣的我，永遠樂觀，永遠在找方法。
如今我擁有事業家庭，以及帶來富裕自由的各種資產，
因為我知道，自己的幸福就靠自己追尋。

◈ **單親的前鎮工業區女孩**

　　如果要寫悲情的故事，相信何琳琳也有資格讓自己成為傷心戲的女主角。畢竟，電視劇裡頭那些個賺人熱淚的成長遭遇，她也都「擁有」過。

　　然而伴隨著她一路成長的親朋好友們，看到的琳琳卻永遠是個笑臉盈盈的喜感女孩，總是正向陽光；不論看是有多大的阻礙，她總是可以找到一條繞過去的路。反正，如果事情發生了，傷心難過有甚麼用？眼淚可以當水喝嗎？還不如趕快進入下一回合。不需要回首，反正就是持續打拼啦！

　　總是向前看的陽光女孩琳琳，雖然學歷只念到高職，卻出人意料外地，有著非常好的記憶力，她可以清晰的回憶起，稚齡時候和家人互動的話語，就算是背景有些感傷，她也可以用開朗的語氣聊起從前。

　　成長在高雄市前鎮區，左鄰右舍大部分都是靠著加工工業區拚生計，母親是女工，父親則工作不明，總之，在琳琳六七歲前，父母就是天天吵架直到終於離婚，讓琳琳很小時候就成為單親兒童。而她的母親，其實根本也仍是個孩子，才二十出頭就當媽媽，而父親年紀甚至比母親更小，他當爸爸時還未滿二十歲。印象中，父親就是監獄的常客，最終因為吸毒斷送了自己的人生。

　　或許就因為像這樣「小孩帶小孩」，反倒少了那種長輩管教孩子的威權感，所以琳琳從小就跟媽很親，俗話說的「講話沒大沒小的」，母親也不太會責罵或說她甚麼，事實上，單親媽媽為了要照養三個小孩，必須沒日沒夜的在工廠

工作，也真的沒空理琳琳，也就是，白天上正常班，夜晚則要加班，這樣天天超時工作，每月約兩萬收入，才夠養活全家生計。

　　對母親來說，比較幸運的，琳琳是個很樂觀的孩子。沒有因為單親且家中經濟困難，就「心頭有陰影」。並且這孩子雖然生活條件不佳，卻仍健健康康長大，在小學三年級的時候，就身高一百五十公分以上。在校不是學業優異學生，但也不會惹事生非，她不是乖乖牌，相反地她很愛鬧，但師長同學都很喜歡她。

　　多年後回憶從前，琳琳說，其實多多少少還是有受到成長環境影響啦！她雖然沒有因為家庭不完整而誤入歧途，也沒有甚麼受傷自閉，及其他任何適應不良的狀況。但內心裡，她還是有受到父母影響，首先，她對成家這件事還是有點障礙，因此她雖跟先生認識很久，但卻直到三十多歲後才結婚，比較起同年齡層的朋友，她不僅晚婚並且也較晚生育，算是比較高齡的媽媽。再者，她對吸毒深惡痛絕，包含任何形式的沉溺，毒品賭博或煙癮，她雖對自己孩子採取非常民主寬容的管教方式，唯有吸毒絕不寬貸。她以自己的經驗述說，吸毒不是害了自己而已，而是害了三代的人，包括自己這一代的家庭，還有讓父母蒙羞，以及讓下一代無法快樂成長，吸毒，實在害人不淺。

　　自身的經歷，也讓琳琳還是非常的強調，完整的家庭依然重要，父母是孩子的模範，她自己成長過程比較辛苦，因此她要給予自己孩子真正快樂的成長環境。

◇ 櫥窗裡的相機與夢想

對何琳琳人生帶來很大影響的，甚至促使她年紀輕輕就懂得「立志」，關鍵是一台照相機。

小學時代，琳琳樂天開朗，總是笑笑面對人生。稚齡的她，很多事都還不懂，因為不會去比較西比較東的，也不會自尋煩惱。但即便如此，她也逐漸發現，她的家庭生活跟別的同學不太一樣，那年代，台灣已經經濟起飛，再沒有更早年代時那種甚麼沒錢買鞋赤腳上課之類的窮困學生，但反倒因為大部分人家都可以過比較小康的生活，更凸顯出琳琳相對地生活真的比較匱乏。當時她頂多身上只會有十元零用錢，遠遠不足以去福利社買甚麼好吃的。

放學後，身上沒錢的她，也只能羨慕地看著其他小朋友，可以買棒棒糖等好吃的東西。學校也在前鎮區，每天下午走路途經家附近的憲德商圈，她也會好奇地邊走邊看，其中讓她印象深刻的，就是當經過照相館的時候，看到櫃檯上的一台照相機。

「好漂亮啊！」琳琳邊看著那台相機，邊想像著，若哪天學校遠足的時候，有這台相機，那就可以跟同學合影留念了。

從小個性就比較正向的她，看著相機想著想著，就對自己說，好啊！那我就找一天把這台相機買下來吧！許多年後回憶起來，琳琳都還記得那個畫面，以及那台相機的標價。那是標價3,900元，如今看來功能很傳統的典型膠捲式照相機。

外型說起來也沒甚麼特別，並非甚麼經典款式，就只是菜市場邊小小照相館中的一個櫥窗擺設。

但從那時開始，才不到十歲的琳琳，心中有了夢想，也

知道要立大志了。

這件事非常的重要，那是因為人的心中一定要有夢，沒有夢想，就不會有目標，沒有目標，人生就會得過且過，等歲月一天天消逝，到頭來才發現自己「當年」甚麼都沒做。但只要有了夢想，就算是不切實際的夢想也行，生活就有了動力，人生就有了改變的新可能。

於是，有了夢想的琳琳，真的開始挑戰尋求改變的人生。

那時她都還沒小學畢業呢！

◈ **就當做是一個夢想象徵吧！**

因為有夢想，就有目標，有目標就懂得檢核現況。首先，琳琳確定自己的現況跟夢想有不小的差距，畢竟，一天十元只夠吃早餐的零用錢，離 3,900 元也太遠了吧！所以人生第一次，琳琳想到要去打工。

但年紀太小怎麼辦？還好她有個「優勢」，就是她外表比同齡孩子稍微早熟些。結果琳琳才小學年紀，就去應徵洗頭妹的工作，並且謊稱自己已是中學生。那年代，中學生打工倒是比較常見，鄉下地區老闆也不會真的去審核甚麼身分證件之類的，就天天下課來幫客人洗頭，也沒經過甚麼培訓，反正也是較鄉下地方沒那麼時尚的在地美容院，就這樣，琳琳從國小就開始幫人洗頭，整個國中時期也都是如此。

由於沒甚麼制度，也沒有甚麼升遷及員工教育，琳琳就當個低薪的洗頭妹，直到後來她覺得沒前景才離開。幾十年後，琳琳已經功成名就，在老家前鎮置產，她也常漫步到附近，從前的美容院都還在呢！老闆也都還認識她。大家都繼

續開心地打招呼，那也是她成長歲月的一環。

初始洗頭，琳琳的「願景」，是一個月可以賺超過三千元，那就可以買下相機了。但後來才知道，洗一顆頭抽成真的很少，一次只有十幾元，一晚不到一百元，每月只能賺大約兩千元。即便如此，內心有著強烈的渴望，她想買下那台照相機，因此當別的小朋友回家就跟家人或鄰居玩樂時，琳琳就是日復一日地當洗頭妹。

這件事其實初始也沒跟母親說，直到某天「遇到」母親，她順便跟母親說：我要去菜市場那邊學功夫喔！母親當時也沒甚麼訝異的，就只淡淡地說，喔！好吧！反正我看得到妳的人就好。在母親心中，菜市場就只是在隔壁，所以她可以放心。後來想想，還是多問一些。母親就問琳琳「啊！妳是自己找到的喔！」琳琳還是一貫地沒大沒小，就跟母親說：「對啊！是我自己找的啊！」。

「那妳好勇敢喔！怎麼敢去找工作？」

「因為我欠錢花費呀！」

「妳那麼小就欠錢花費喔！」

「不然妳要給我錢嗎？」

「……」

不過依然母親還是關心孩子的，有一天母親看到琳琳的手，怎麼手指皺皺的，指甲也裂開來了，感到很心疼。還說要去幫琳琳跟老闆說一說，結果琳琳就跟母親說，幫人洗頭這行就是這樣啦！家長出面不好吧！

好吧！女兒有自己的規劃，只要不是在危險場所工作就好。

從國小畢業，之後的中學的學費，琳琳都靠自己賺。

其實，她每個月這樣賺的小錢，到後來就算支付每學期的學雜費大約三千多元，也應該夠她拿去買那台相機了。

但反倒這時琳琳捨不得花那筆錢了，她甚至自己告訴自己，人啊！要懂得克制慾望，如果買了相機，接著就會想經常拍照，然後光那個底片錢，可能就會把自己拖垮。還是安分點吧！

終於，自始至終，照相機只是琳琳的一個「夢想象徵」，她從未真的把它買下來。也許哪天路過那家照相館，那台相機還在那邊呢！

◈ 人生得遇恩師

小時候，一方面因為家庭經濟狀況不好，一方面也因為發育比較早熟。所以琳琳家裡不用太多治裝費，反正就同樣衣服，可以穿好幾年，大部分時間，琳琳都穿寬鬆的體育服。

但中學以後，畢竟是年輕女孩，也難免會愛漂亮。既然當初買相機的夢想已經達成「階段性目標」，那接著還是要有工作動力啊！所以後來琳琳打工的目標，就是要買自己喜歡的東西。

有時候母親看到琳琳的手有些慘不忍睹，就還是問她，為何那麼想賺錢？琳琳就說，因為我想買衣服。

不論如何，琳琳那時還是個中學學生啊！有一回她美容院那邊輪休，下課後，她跟同學逛街經過市場，看到刨冰店，幾個女孩興奮地都進去點些四果冰、蜜豆冰來吃，但只

有琳琳，明明看起來很想吃，後來卻搖搖頭，說她要先回家了。結果這件事，後來傳到學校「聽說那個何琳琳，家中經濟有困難，連刨冰都捨不得吃耶！」

因此琳琳的國中老師，主動來家訪，也知道她的現況。琳琳念的那所國中，其實教學很嚴格，直到 2020 的現代都還是如此，何況當年，真的是服裝儀容嚴屬要求，女生頭髮只能剪齊到耳際那種。但琳琳因為工作關係，當個洗頭妹，必須留點指甲，才好抓頭皮，而這有違校規。為此，老師特別詢問她。

「妳真的要打工喔！為什麼？」

「我必須自力更生，因為我爸爸不在了。」（其實父親當時在獄中，但人還在世。）

「好吧！那我特別替妳通融。」

看到老師好像有點感傷的樣子，琳琳覺得這個老師怪感性的，反倒琳琳早就習慣了單親以及打工，一點也沒有悲情。但老師的關懷讓她感動了，因此琳琳主動跟老師聊起心聲。她衷心的跟老師說，她其實根本沒心念書，如果可以，她想輟學。

這下老師緊張了。她很嚴肅地跟琳琳說，不行，書還是要念，並且一定要繼續升學。其實，就連琳琳的母親，沒受甚麼教育，卻也知道，現代社會，沒有學歷就一輩子無法翻身。就這樣，老師跟家人都要她繼續念書。

原本琳琳雖不愛念書，但成績也總是維持在二十名約中段程度，但為了升學要補習，要念課後班，琳琳要打工，並且也不想繳補習費。老師特別叮囑她，不行，至少當輪到她

帶課的那次課後輔導，琳琳一定要留下來，她特准琳琳不用繳補習費。也因為感受到這樣的愛心，後來琳琳真的有持續加強學業，特別是老師的主科國文，她成績最好。至今也寫得一手好文章。

國三準備畢業那年，老師又特別把琳琳找去，問她打算念哪個學校？琳琳說，她放學都在幫人洗頭，不可能考上好學校的。

「那妳有甚麼規劃？」

「念技術學校啊！進入科班累積就業基礎。」

「妳知道嗎？技術學校很貴，像樹德學院，一學期就要兩萬多，另外美髮科系還要買假髮及美容工具，花費不貲喔！」

「……」（琳琳當時的確沒考慮到這件事。）

「所以，妳一定要考到公立的好學校。」

「但我這種程度，並且只剩下幾個月時間，怎麼可能啦！」

「老師說妳有，妳就有。」

就這樣，琳琳在老師的督促下，國三下學期就請假不去美容院，開始專心補習，課本還是老師從自己家裡帶來的。中間過程好幾次她都想放棄，但老師就是堅持，她要考上公立學校。因為有這樣的老師，後來真的化不可能為不可能，那個成績總是不怎樣下課就不見人影的洗頭妹，聯考放榜後，考上了南台灣職校第一志願高雄工商。

至今，琳琳仍很感恩，在學習成長的路上，有那樣好的老師。如果老師都不願意放棄自己，那自己有甚麼資格放棄？

◆ 從工廠到遊藝業

考上雄商後，琳琳的洗頭生涯也準備告一段落。此時她已經看清，原本的美容院，只是個打工的地方，但絕對不會有她的未來，老闆不會想要她成長，只是把她當成洗頭機器。而中學以前，個性還有點像傻妹，其實已經懂得對未來精打細算，從事美髮這行，要賺大錢，就要擁有頂尖技藝，她有嗎？並沒有地方可以栽培她，與其如此，還是趁年輕轉行吧！

但該去哪工作呢？其實除了美容院外，根本不算有甚麼歷練。她當時小小的目標，就只設定每月月薪兩萬。結果母親聽了，說那簡單，妳就來工廠上班吧！

琳琳後來經過媽媽引薦，也正式加入女工行列，那家工廠是當年很紅的 SEGA 遊戲機台上游加工廠。

到了那裡，才知道母親真的很偉大。因為她幾乎連一星期都撐不下去，但母親為了養家，當時已經在同一個加工廠服務幾十年了。

那個工作，實在很簡單，簡單到讓人覺得人生無趣。琳琳的作業線是負責品管的那一組，主要是看卡匣的良率。其作法是一個卡匣送來，以最標準迅速的流程，插入檢驗機匣，大約一分鐘，確認有畫面，然後立刻拔出，再換下一個。如此不得閒的一天工作八小時，中間不可能有任何摸魚或放空時間，因為一個環節斷了，整個作業線就斷了。甚至連上廁所都要限時，因為那段時間由領班代為卡位，上廁所最長不能超過十分鐘。

就是這樣的工作，第一周還覺得自己可以輕易勝任，第

二周想著，為何這件事不能交給機器要讓人工來做？第三周就已經快抓狂，這樣的事到底要忍耐多久？

然而想起每學期七八千的學費，還有生活費以及開始買保險的保費，就忍吧！也許所謂工作就是這樣，誰家不是為了糊口飯而忍著工作呢？

但即便自我催眠，領過一次兩萬多薪水，到了第二個月，琳琳真的受不了了。終於跟母親說，她做不下去了。

那時母女不免也會吵架，母親責怪女兒，妳不是要兩萬嗎？這裡就有兩萬啊！若嫌這裡不好，那妳要有一技之長啊！沒有技術，那就只能做這個，不然就找個有錢人快快嫁了。琳琳說，她真的實在沒辦法做下去了，她也不嚮往婚姻，反正只要不走上偏差路，那她已經長大了，要母親就別管她了。

雖然說得是氣話，但的確母親說得對，一個人沒有一技之長，真的就是看不到前途。那時候，就算琳琳個性再樂觀，不免也茫然了起來。原先帶領她圓夢的照相機，已經不是夢想象徵。本來設定一月兩萬元，後來也發現，金錢數字不是問題，重點是妳的工作品質，妳到底要怎樣的前途？

琳琳真的不知道，她感到迷失了。那段日子，琳琳後來跑去跟八大行業扯上邊的遊戲機台，當個吧檯妹，雖然遊藝業，賣笑不賣身，辛苦賺錢不偷不搶沒甚麼好丟臉的，但終究她還是少了中心夢想。而一個人當失去夢想的時候，真的就會被別人牽著走，那時候，收入還可以，老闆心血來潮，也會給員工紅包，賺的錢比工廠還多。但怎樣的環境就認識怎樣的人，那時候身邊的姊妹都是愛玩咖，有機會就去唱歌喝酒等等。錢往

往也守不住，賺得比以前多，花得也比以前快，有時還發酒瘋。成績很差，甚至差點不能畢業。連母親都看不下去，只是琳琳心中還是有把尺，再怎樣墮落，她不碰毒品，不牽涉非法行事。

有天又和母親吵架，那時琳琳畢業成問題，母親苦口婆心要她無論無何必須畢業取得學歷，關於未來，母親問琳琳妳不是設定兩萬目標嗎？那要努力啊！琳琳說，難道賺錢一定只能靠勞力嗎？母親說，是啊！可以靠腦力，但妳有頭腦嗎？沒學歷就沒腦力。

說到這，母親補充一句。靠腦力，妳不是學商的。會計，不是妳的一技之長嗎？然後，琳琳才「想到」，自己的確是學會計的。

何不從商呢？一念之轉，後來琳琳順利畢業，之後也脫離遊藝業，真的設法去做生意了。

◈ 找到奇怪的工作

當時跟母親爭執未來要做哪行時，琳琳曾和母親辯說，一個人不一定要有 IQ，其實 EQ 更重要喔！

這句話一方面對母親說，一方面其實也是和自己對話。

到今天，琳琳從當年那個打工妹，成為如今的投資專家，這中間成長關鍵，就是她的生命韌性，還有她樂觀開朗以及不怕挑戰的個性。

琳琳很早就聽說，要賺錢就要從事業務工作，所以她就去當業務了。當甚麼業務呢？她最早是去擺路邊攤，那的確是最原始的業務。自己進貨，自己找地點賣，並且每天都要

跟陌生人推銷商品。

　　那時三個人合夥，進貨成本大約一萬元，銷路其實還不錯。三人分工，開著小貨卡，每天大清早去菜市場，五六點開始擺攤，大約十二點收攤，算起來工作時間也大約八小時。雖然有業務成分，但想想大部分還是勞力活，年輕人天天要那麼早起，終於有人受不了，琳琳自己也不喜歡這工作，後來就拆夥解散。

　　後來琳琳想，自己是會計本科出身，就去應徵會計工作吧！結果還真的有一家，才剛面試，就當下錄取，隔天上班。

　　會那麼快錄取，其實原因是那家公司怪怪的。首先，公司竟然位在住宅區公寓裡，一點也沒公司的感覺，難怪沒人想應徵。再者，公司內部也不像正統的辦公室，實際上就只有一個號稱經理的人，跟她這個「甚麼都包」的小妹。但琳琳個性本就比較樂天不拘，所以既然問明每月有薪水領，雖然只有一萬八，但聽說還會有獎金之類的，加起來會超過兩萬，符合她自己設定月薪標準，琳琳就待下來了。

　　就是在那裡，遇到影響她生涯的貴人。

　　話說，再怎樣不像公司，也該有個營業項目吧！原來這是家「仲介」公司，當年還沒有永慶信義房屋之類的房仲品牌，那家公司其實是「中人」公司，並且做的業務是法拍屋。只是法拍屋也要有案子啊！但當時並沒有，就這樣琳琳每天準時上下班，沒事就掃掃地擦擦桌子，問經理她沒事怎麼辦，經理就說，沒事就看書啊！喔！看書，所以琳琳就只好繼續東摸摸西摸摸，沒事看看書，這樣「輕鬆」地過日子。

　　一個月過去了，琳琳心中暗喊，糟糕，一個月別說有甚

麼生意，根本連電話都沒一通，這樣子我領得到錢嗎？心中擔心，她也真的問經理這個問題，結果經理說安啦安啦，老闆會來付錢啦！果真，隔月四號那天，一對笑臉盈盈的夫妻，於上午九點進辦公室，經理介紹這是柯董及柯夫人。特別是那個柯夫人，跟琳琳談得很投緣，琳琳的個性本就是比較豪放，不拘小節，甚至有點人來瘋，跟誰都很有話聊，就這樣琳琳和柯夫人聊開了。夫人還覺得琳琳很可愛。說起薪水，琳琳也不客套，直接問說有錢拿嗎？夫人也當場數了鈔票給琳琳。當天皆大歡喜。

但終究，公司要生存，要有東西賣。原來柯姓夫婦，是專門標法拍屋，然後來出售的。第二個月，還是沒成績，老闆娘要琳琳寫廣告牌，四處張貼，一天要寫一百張，這就是她第二個月每天的主要工作，雖然因此讓琳琳練得一手端正的字，但終究房子還是沒賣出去。公司不久就撐不下去，結束營業了。

可是，柯夫人還是很喜歡琳琳，還跟琳琳說，讓我們保持聯絡。

這是琳琳和仲介工作的初次連結，雖然有點烏龍的感覺，但終究為她打下房仲的基礎。後來她又和柯夫人建立聯繫，那是好幾個月後的事。

◈ 變成紅茶妹

又把腦子轉回去擺攤生意。剛巧有個朋友，她在高雄火車站附近的紅茶攤要頂讓，說其實生意不錯，但覺得自己家裡太遠，每天這樣舟車勞頓很麻煩。報價三萬元，可分期付款。琳琳算一算，好啊！就真的頂下來，也真的生意還不

錯，三個月就還清分期。只不過，雖有賺頭，可是就只夠照顧一個人，已無力再請其他員工，琳琳必須一個人顧攤及處理所有事情。

擺紅茶攤，當個紅茶妹。每月不休息，營收大約三萬，扣掉成本約三萬，賺三萬其中一萬還朋友，也就是真的每月賺兩萬，只是很辛苦。但這樣的辛苦後來有了變數。

琳琳感覺，那似乎是上天給的警訊，怕她因此太安逸了，就此投入這個工作。那時好不容易琳琳還清攤位承接費，第四個月每月可以淨賺三萬了。但就在那時，政府開始取締攤販。琳琳當時心中喊著：「天亡我也！」

騎樓規定不能擺攤，但不擺騎樓根本不能做生意，每天要躲警察，被抓到要罰一千多，罰個幾次，賺的錢都沒了。雖然有遇到大好人，那個警察看她可憐，會事先「預告」她，每天幾點會有警察來臨檢，即便如此，每天要推著重重的攤車，辛苦地躲進巷子，之後再推回來，後來甚至一天要好幾次，琳琳真的吃不消，但又不知道未來何去何從。

迷惘的時候，她回家總會看著客廳擺置的觀世音菩薩像，邊對著菩薩講話，其實也在跟自己對話。這其實是她從小養成的習慣。想想，那年她在憲德市場看到照相機，不也是自己跟自己對話？

她跟菩薩（也跟自己說），我好累，是不是該放棄？菩薩暗示她再等等會有答案。

果然，過沒多久，她在火車站巧遇一個人，正是柯董夫人。

「唉啊！我好想你啊！原來你在這裡啊！」柯董夫人邀她一起去打拼。打拼甚麼？當然還是賣房子啊！

可是上回的經驗，讓琳琳有些不放心。但擺在眼前的，是她紅茶生意也做不下去了。

該如何抉擇呢？

終於，靜夜裡，她還是請教菩薩。並且以兩枚錢幣為筊杯，琳琳搏杯問命運。

其實內心裡她也知道，不論結果如何，她應該還是會嘗試去挑戰新的工作吧！

就這樣一擲筊，果然是聖筊。

她就去電柯董夫人，就這樣，琳琳再次踏入房仲業。

◈ 後來的成功與發展

故事寫到這，其實已到了尾聲

讀者要問，甚麼？終於進入房仲業了，接著不就是要有甚麼轟轟烈烈的打拼過程嗎？

但這就是人生。

後來琳琳跟著柯董夫妻，一起從事的還是法拍業，初始還有模有樣，包括這輩子琳琳第一間賣出去的房子就是在那時發生。原本大部分時候，還是喝茶看報沒事做，但終於有了一間房子要賣，並且當時柯董夫婦有真的找一位高手，從頭到尾教導琳琳，這是一對一教學，讓琳琳受益無窮。

也就在連續三周都冷冷清清，幾乎快要放棄時，第四周時忽然有人看到海報來問房子的事，琳琳首次帶看屋，客戶看了看，說願意 170 萬購買，要就要不要就拉倒，琳琳緊張的打電話回公司問可不可以，當時的主管說，妳就把人帶過來吧！就這樣，後來這組客人成交了。

只是，後續的發展。那筆成交後，公司又繼續沒案子。最終公司還是倒了。

並且從那時候開始，柯董夫婦，真的對房地產失望了，整個放棄，回去做老本行。他們本業是開搬家公司，直到今天，他們仍在高雄從事搬家工作，琳琳也都跟他們維持朋友關係。

琳琳說柯董夫婦是她的貴人。因為柯董夫婦後來放棄的，但反倒琳琳離開那裡後，繼續到其他家公司從事房仲業務，到後來做得有聲有色。

至今已擁有許多房產，是個千萬富翁，房子主要在老家前鎮區，她也常在前鎮區投入公益慈善工作。

故事到此，中間其實還有很多業務打拼歷程，可能另外有機會再來發表吧！

但琳琳的故事重點，人的一生中，特別是在轉折點上，貴人很重要，包括中學老師，琳琳的母親，柯姓夫婦等，都是琳琳的貴人。

但還有一個貴人，那就是她自己，琳琳在人生每個困惑時刻，總不忘和自己對話。透過對話，可以讓自己冷靜，可以讓自己的內心自己運作，甚至和宇宙對話，進而找到解答。

琳琳的故事還在繼續著，她仍經常和自己對話。

也鼓勵每個追求夢想的讀者朋友，有機會多聽聽自己內心聲音。對話，就可以找出自己的未來。

☎ 何琳琳連絡電話：0901311993

思維探討：如何在競爭激烈戰場勝出？到底有甚麼必勝的訣竅？

築夢銘言：做人做事要認真誠信，做甚麼都要比別人多一點用心

專業來自比別人更多的認真

戴君婷

業務的戰場，真正是比拚全方位實力的戰場。

以大高雄地區來說，

這裡有近 6000 位房屋仲介從業人員，

但每月成交物件只有約三千件，

那就表示，至少有三千人搶不到任何一個業績，

甚至飯錢都沒得著落。

如何想方設法勝出，是業務工作者追求生存的必要任務。

◈ 締結成交的無比魅力

我們每個人每個月或多或少都會接到一些行銷電話，大部分的時候，對這些陌生電話，我們連聽都懶得聽，直接說沒興趣就掛斷了。如何打開與陌生人交流的第一步，是每個業務朋友不得不經常面對的難關。若說賣的是價位不高的商品，都已經很不容易了，更別說是價值數百萬的房地產。

來自台中，如今長年定居高雄的戴君婷，身為房產超級業務，也是在走過無數次被拒絕後，闖出一番佳績。現在的她，已經有種本事，讓陌生電話開發第一次聯繫「被拒絕率」大幅降低，例如曾經有位房屋自地自售客戶，過往拒絕了超過六十位房仲的來電，可是最終他卻願意聽聽君婷怎麼說，最後甚至破例地，願意授權讓君婷代售他自己的房子。

「她就是有種讓人願意放心把東西交給她的特質。」

曾經只是君婷客戶，如今也變成好朋友的陳先生這樣說。

如果說，光用電話溝通，就已經讓人感受到一種值得相信的魅力。更別說當面對面時，君婷可以有很高的成交締結率。讓她年紀輕輕，才三十幾歲就已經名列台灣知名房仲品牌的全國百大榮耀。

君婷的魅力是甚麼？這無關乎外表，雖然她長相甜美，但全國有上萬年輕貌美的房仲業務。

這也和話術沒有必然相關，比起許多口條便給的業務員，君婷自認口才並非一流。

其實君婷的魅力，從和她見面的第一刻起，就能充分感受到。當別的業務拜訪拿出來的是自己的名片，或一兩張影印的文宣資料時，君婷面對客戶，拿出的卻是一份厚實的資

訊彩頁，包括自身的專業介紹、房屋銷售實績、最新的在地市場情報，客戶可以一目了然，真正感受到眼前這個女孩，「真的夠專業」。

別的業務再怎樣舌燦蓮花，也比不上君婷直接展現出她的「用心」、她的「認真」，以及她貼心地「願意站在客戶角度想事情」。

許多時候，客戶看到君婷的談吐以及她準備的資料，就不禁會想到，如果我的房子，將來可以化身為這女孩手中的資料，那我還需要擔心甚麼呢？

說起來，這就是君婷能在很短時間就在房仲產業做出佳績的秘訣，並且，君婷也不吝於分享她是如何締造業績。

或許讀者要問，只要知道訣竅，那麼大家比照辦理就好，就也來列印一疊精美的宣傳資料，不就人人都可以成為銷售冠軍？

其實，這疊資料是努力的「結果」，並非花錢就能必勝的「道具」。

君婷真正打動人心的地方，還是植基於她的人格特質：她的認真態度以及一顆上進的心。

◇ 認真的蕉農之女

君婷，是個來自台中的農家女孩。家中五個姊妹花，都是學語文科班出身，兩個姐姐分別專精英語和日語，身為叁女，君婷選的領域是法文。從語文的選擇，就可以看出君婷有種「想要超越傳統」的企圖心，畢業後，也是植基於這

樣的個性特質，她刻意不回台中，也不跟著大部分人往台北跑，而是留在高雄，她選擇到人生地不熟的城市闖蕩。

表面看起來文靜嫻雅，內裡卻有種超乎尋常的堅韌。並且，雖然腦子轉得很快，且專精著各種 3C 應用，可是內心最在乎的卻是傳統農家那種肯幹實幹思維。因此，君婷總能在遞出一疊厚厚專業設計的文宣後，接著完全靠穩紮穩打的踏實服務，充分和客戶建立合作關係。

例如，君婷長年深耕大樓市場，她真的可以做到勤跑勤做，乃至於大樓住戶都已經把她當成自家的一分子。甚至君婷比喻自己就像個勤跑基層的民意代表，熱心參與「地方事務」，像是不同社區大樓的住戶大會，或者秋節聯歡活動這類的場合，都經常可以看到君婷的身影，她會出錢出力為住戶服務，所謂出錢就是贊助飲料或者夏天手上拿的小撲扇，出力，除了在場協助各項會務，每當住戶有問題請教，她都不吝於回答，就算對方並非自己的客戶也照樣認真對待。

總之，在君婷的人生字典裡，「認真」絕對是關鍵字。

這樣的認真，來自於自小的生活鍛鍊。君婷的家在台中是從事香蕉批發的中盤商，雖說有個「商」字，讓人聽了聯想到資金雄厚的商人，實際上，君婷表示，這行業是不折不扣的勞力苦工。爸媽一年四季，搭配不同時令搭著貨卡去到不同產區載貨，從山裡運載的香蕉，要經過分裝處理，之後批發分送到台中各個市場。每天從早忙到晚，五個女兒也自小都懂得分擔工作，別看香蕉一小串沒甚麼，一箱一箱裝可是很重的，君婷就這樣自小就看到爸媽辛勤工作的態度，自己也習慣參與操務而從不喊累。

這樣的特質，造就了君婷一種超越「上班族」的工作心態，她不會去計算：「我今天太辛苦了讓自己休息一下吧！」或者「做這做那的，太累了吧！可否有投機取巧的方法」。

有人說「吃苦就當成是吃補」，但君婷的境界更高，她根本不覺得那是「苦」。甚至日後身為業績常勝軍，每每有媒體或後進跟她請教，妳到底如何面對種種業務銷售的挫折挑戰？君婷往往要皺著眉頭想一下。 因為在她感覺，根本就沒有甚麼「挫折」，不論被客戶拒絕，或者為一個案子要奔波到半夜，這些都「沒甚麼」。根本就不被認為是挫折。

認真耐操，已經融入君婷的生活，根本就是她 DNA 的一部分。

她根深柢固地相信，靠著應付的態度過日子難以長久，唯有穩健踏實才能走得長遠。

就是這樣的蕉農之女，用踏實認真，來到高雄闖出一片天。

◈ **業務是買空賣空的事業嗎？**

然而，是否成功就可以用一個公式來表示，以君婷的案例來說，就是「肯做實做」加上「精美文宣」，是這樣嗎？

其實，如同本文一開頭就說的，以全高雄近六千位房仲業務，每月卻只有不到三千個案件可以分配，業務要具備的，是「全方位」的實力。

以君婷來說，她認為「認真踏實」不該算是特質，而應該算是「基本功」，真正要致勝的關鍵，仍需要動腦。

如何培養敏銳的思緒，不能只靠天賦，而是需要靠職場的用心觀察與學習歷練累積。

當年君婷初到高雄，並非從事業務銷售。學語文出身的她，也曾有幾年時間，從基層做起，擔任行政助理這類的工作。當中，影響她最大的，就是其中一家代工貿易公司的老闆。

君婷記得很清楚，那是一個規模不大的家族企業，自己本身並沒有工廠，卻可以承包許多政府大型專案。該公司主力是各類纖維棉布製品，例如口罩手套等，好比說中鋼公司的某個營建工程，一次需要數萬個口罩，公司就去承攬標案，負責供貨並提供品質保證。讓她印象最深刻的，這個老闆，一天到晚幾乎手機沒有斷過，平常日子，他不是外地開會不在辦公室，就是在講電話，然而，看起來「不事勞動」的老闆，只靠電話卻能創造了百萬千萬的業績。這讓出身勞力為主的農家女孩君婷，了解到，勤懇踏實工作外，「懂得靠腦袋做出聯繫」賺錢才會快。

雖然看似沒有在勞動，但君婷觀察到，所謂業務，其實扮演著一個很重要的中間人角色，因為這個人的存在，讓原本無法媒合的供需有了銜接點，而這樣的銜接真正可以創造三贏。藉由不同的資源，不同的供需讓買方賣方或者店家與消費者，大家都能因此而鏈結到更大的市場。這件事也直接影響了君婷，決心日後要踏入業務的工作。

業務也者，可以說是「買空賣空」，如同過往在貿易商看到老闆，靠著電話一方面為需求方擔任窗口，去尋求大量的口罩。一方面他懂得找出生產端的資源，採取 OEM 代工，生產出自有品牌的商品賣給客戶。現在的君婷，認為她的業務工作，也是不折不扣的買空賣空，畢竟，房子不是她的，但必須透過她，才能讓房子由賣方轉手給買方。

當年老闆只靠電話談生意，看似不需要成本，但其實背後一定有相當的非帳面上成本。這裡指的不是電話費，而是包含勘查市場、建立專業知識以及社交建立人脈種種的付出。

業務單想「買空賣空」，是難以做成長年的生意績效的。君婷認為，業務要勇敢投入成本。一個成本是投資在「為客戶服務」相關的事，例如她願意自費準備精美且實用的資料夾給客戶。另一個成本，就是投資在自己大腦的成本。

◈ 身分多樣，來自於用心學習

所謂「台上一分鐘，台下十年功」，這道理不僅僅適用在鎂光燈下閃耀的人物，也適用在每個業務從業人員。

對君婷來說，當她正式面對面客戶時，代表的不是一個全新的「開始」，而是持續服務的一段歷程，真正的起始，早在尚未接觸客戶前，就已經在準備著。

打開君婷那疊送給客戶厚厚的資料夾，第一頁，展現的就是君婷的「準備功」，其上洋洋灑灑的列出 24 種「身分」，每種身分背後都代表著專業的研習和對客戶的負責。舉例來說，有個身分是地政局查詢，還有個身分是估價師，這些不是亮眼的職銜，君婷真的很用心去取得和房地產交易相關的認證。

有些身分，跟考試和證照無關，但卻跟紮實的學習有關。例如身分之一是「大法師」，這裡指的並非驅魔法師，而是指有關房屋風水改運種種的專業，可以問她。另一個身分是「導遊」，更是展現出君婷的「腿」功，她靠著勤跑地方，真的已經做到把各地區不只是商圈位置，乃至於不同社

區的歷史及住宅特色，倒背如流。其他像是「抓漏達人」、「居家清潔」、「油漆師傅」等等，這些都直接跟房屋的裝修有關，君婷更是做到不僅是懂，而是已夠格「出師」的境界。其他像是自謙是「回收車」（廢棄物清理）、或者結合現代趨勢的「網紅」（屋主售屋線上直播），以及「視覺設計師」（協助室內擺設設計），都是跟未來屋主權益有所相關，而君婷都能做到相關服務。

那些讓人一看眼睛睜大的履歷，絕不能只是吸引顧客閱讀的花招，而必須真材實料，否則若剛好客戶對某個領域有涉獵，結果若問君婷，她回答得一問三不知，那就尷尬了。為此，君婷在忙碌的業務工作之餘，絕不吝於撥出時間及經費，投入上課學習。那些直接跟房地產相關的實務要學，跟業務銷售相關的，例如跟林裕峯老師學行銷，這很重要。那些跟房地產沒直接相關的，有機會君婷也都樂意去學，因為她知道，學越多代表她的「價值」越高，直接受益者，就是每個被她服務的客戶。

每當看到文宣資料，上頭舉凡國稅局業務、貸款業務、資產管理，這些君婷都懂，加上有實戰的紀錄佐證。無怪乎君婷和客戶見面後，締結成交的比率非常的高。

而在所有學習中，君婷也不會忘記，結合現代化應用的重要。對業務來說，面對面和客戶接洽非常重要，這屬於「陸戰」的範圍。但在那之前，「空戰」也很重要，具體來說，就是善用網路的力量。

君婷有機會培訓新人時，總是不忘提醒，在尚未開發到

客戶前，先要懂得善加運用各類網路工具。以現成的來說，台灣就有不少的房地產相關平台，然而直到今天，我們打開這類平台，依然可以發現大部分的資訊，都比較平淡一般般，基本上就是「硬資訊」，沒甚麼吸引力。而君婷從一開始決定要在網路平台刊登資訊，就決定，不刊登則已，要刊登，一定要夠專業。因此，她的網路照片，不會只是隨便拿起手機，拍出房屋大廳臥室等的空間照，而是經過用心設計，專程找一天安排好燈光及角度，認真的拍出美美的照片，這樣才放上房地產資訊平台。

當然，這部分也不是靠努力就行，如何拍出夠美的照片，如何呈現房屋的優點讓客戶欣賞，君婷自然也是經過上課學習。

「工欲善其事，必先利其器」，這是君婷非常奉行的圭臬，因此，跟提升競爭力有關，各種技術及 3C 工具應用，是君婷推薦給業務新人，一定要建立基本技能的項目。

◈ 懂專業也要懂包裝

說起來，房子銷售其實關鍵就在於「包裝」。第一個包裝的，就是自身的專業，第二個要包裝的就是「商品」。

一般業務可以分成三大類型：

第一類型，既不夠專業又不懂得包裝，這樣的人，自然很難做到業績，如果市場競爭者少，或許可以靠勤勞取勝，但當市場人才競爭者眾，沒有三兩三的人，和別人相比自然是弱了一截。

第二類型，是有一定的專業可惜不懂得包裝，市場是現

實的，你很強但不說出來人家怎麼知道，單單自吹自擂說自己強，又有甚麼證據？因此，書坊中的銷售學，至少鼓勵業務要穿著打扮得體，這是基本的包裝，讓自己看起來比較專業。但真正的包裝，還是必須要下功夫，例如君婷特地設計的專業型錄夾，以及在網路結合專業相片的房地產資訊，這都是重視包裝。

第三類型，就是專業夠，也懂得包裝的人。這樣的人才可以在銷售市場上佔有一席之地。

但說起包裝，方式也是各式各樣，怎樣才是最適包裝呢？其實沒有一定標準，例如以網路房屋資訊搭配文宣，是要走浪漫唯美風，還是專業科技數據導向風，並沒有一定的對錯。對君婷來說，她包裝的唯一標準其實很簡單，那就是站在客戶的角度看事情。

只要用心去想客戶會想要甚麼？你就準備甚麼，那就對了。

以買賣房屋來說，客戶會重視甚麼？買家重視環境，照片中就要展現出附近有公園綠地，以及特地去拍的潔淨的社區庭院。買家重視生活機能，就要在文宣中特別列出客戶會重視的諸如交通、學區及商圈等等。而既然客戶會煩惱買屋的稅務問題、漏水處理問題，業務面對客戶時，就該讓他相信你有能力為他解決這方面的問題。

然而說歸說，所謂專業，不能只是口惠而不實，關於這方面，君婷的做法，就是透過實戰累積實力。歸根究柢，還是必須靠勤跑，君婷只要有空，就會到處去觀摩社區大樓，到處去走走，以及多和住戶聊。實際上，再怎麼聰明的人，

也需靠經驗累積實務。

到今天，君婷已經可以自信的說，她已經達到一種境界，她可以在一踏入銷售物件的第一秒，腦中立刻擁有清晰的畫面，那裏清楚地列出關於這房子的優缺點。包括採光、格局、風水、屋況……也就是說，她都已經可以準確猜到，準買方看到這間屋子，會問出甚麼問題，她也已經事先準備好答案。

誠懇的態度，加上自信的應答，所以房屋銷售成交率就高。

而這一切，都必須植基於認真踏實的學習。

◈ 如何滿足客戶的需求

願意勤跑基層，勤於和不同客戶講話溝通，除了累積更多對客戶的了解，其實也是培養自己觀人的能力。

本身出身自蕉農家庭，屬於農林漁牧批發業，後來在高雄也歷練過不同的企業行政及庶務，現在來到業務銷售領域，君婷認為，所謂「需求」，講起來簡單，就是「客戶想要甚麼」，實務上卻很難判別。

以傳統銷售實務來說，例如店家來到電器行選電風扇，他可能面前有四種選擇，依據不同的功能及造型，店員就可以做說明，無論如何，客戶都有比較明確的需求陳述。但房地產卻不是如此，君婷說，房子是屬於深層需求，牽涉到每個人的個性甚至隱私，例如有人看到房子本身，內心有些關於民俗禁忌的問題，但他不一定會講出來，也許看一看心中有個芥蒂，就放棄了，但其實那部份只要仲介願意講解一下就可化解。或者談到價錢，他可能覺得價格高了些，但其實對這間屋子整體印

象是滿意的，但如果仲介自始至終都無法摸悉客戶心理，最終客戶也只能留下殘念，本來想買但只差「一點點」，而他一離開，就不回頭了，這筆交易就失敗了。

經常老業務在教導新進業務同仁，都會說很多事是「只可意會不能言傳」，指的很多就是這類「深層需求」的事，這種事沒有一定的公式，適合在某甲的例子，並不代表應用在某乙也適合，如何通情達變，隨機應用，這的確無法傳授。靠的還是經驗累積，以及當事人是否願意用心學習。

相關的情況，例如看到君婷成交率那麼高，也會有許多後進，認真的請教君婷，到底講話「該用甚麼話術？」如果對方是比較兇的人，或對方是比較龜毛型的人等等，各該如何應對？對此，君婷的回答是，她真的沒有標準答案，真的世間米養百樣人，可能一百通電話就代表一百種個性，怎可能有標準答案？君婷可以做到的，就是她「自然而然」，拿起話筒簡單的和對方一兩句話，就可以聽出對方的情境（可能正在忙碌中），對方的情緒（可能今天心情還不錯），對方的個性（講話比較性急），該怎麼回應？也搭配當天的時事（例如新聞剛公布疫情又變嚴重了），以及對方的職業（例如知曉對方是工程師），會有不同的應變。

結論是，要成就自己是業務高手，靠的還是自己願意紮實地去多累積經驗。

而唯一一項，不論講電話或面對面時的「對方」是誰，都可以一體適用的，那就是「誠」。

資深業務也好，菜鳥業務也好。做人做事的基本，就是誠信。君婷非常強調，只要秉持著誠意，就算口才不佳，只

要對方感受到你的「真誠」，那也未必沒有成交的可能。

「先誠實，後成交」依然是百變不離其宗，業務從業人員最根本的信念。

◇ 就是要比別人多用一點心

這些年來，君婷每年的業績都做到頂尖。成功因素歸整起來，其實也都是人人耳熟能詳的幾個要點：認真踏實、誠實守信，以及專業用心。

真正要說君婷可以脫穎而出的關鍵，其實也就是針對這幾個特點，她都「多付出一點」。

最明顯的例子，當與客戶見面，會準備文宣資料，這件事人人都會，重點是，君婷就是比別人更用心一點。

這「一點」，簡單嗎？其實以技術來說，人人都會。君婷說，她使用這樣的文宣資料，公司裡每個人都知道，她也不會阻擋別人跟她學。但最終，還是無人可以超越她，因為那些資料，每份的背後牽涉到仔細地場勘、專業的拍照、精心設計的排版、以及勤勞的 Update，她從不會想著一份資料用一年，每月甚至每周都會更新。更別說，她的基本履歷，每一個頭銜背後都代表著實際的上課學習，她自認自己並不一定比別人更厲害，但差別的就是願意多花一點心。

例如光以排版來說，君婷可以表現得很吹毛求疵，但為了要讓成品展現最佳效果，她寧願不厭其煩地讓助理一試再試，這邊調一點，那邊亮一點。美麗的印刷，牽涉到一定的成本，既然花成本印了，就要做到夠好。

君婷覺得，這就是另一種形式的「台下十年功」，每一

份拿給客戶的文宣資料，也包括每一句她和客戶做的承諾，背後都會有紮實的專業基礎。

而專業換來的，自然就是高業績高收入。

時常有人會嚮往有的人年紀尚輕就可以擁有相當的財富，但卻少有人細問，那些財富的累積背後有多少的用心。

但也的確，如同當年君婷和那位做口罩 OEM 代工老闆所學習到的，要賺錢還是要懂得用腦袋。真正的作法，應該是「腳踏實地」和「善於動腦」兩件事相輔相成。以印 DM 這件事做比喻，寧願一試再試，做到滿意才印出來，那是屬於「腳踏實地」，但如何將 DM 內容做最佳最吸引人的呈現，那依然有賴於足夠的知識和長期累積的實戰智慧。

從小在台中，君婷看著爸媽腳踏實地的付出勞力，辛勤養家，這建立她的基本做人做事價值。但身處商業社會，君婷也知道單靠勞力無法有效率地賺到財富。

記得那時初轉戰房地產業，去到房仲公司應徵，君婷看到牆上貼著的照片，人人掛著百萬經紀人的彩帶，君婷就很羨慕。畢竟，那年頭（其實直到現代也是如此）一般年輕人，當個公司基本事務專員，或投入各類商家店務，特別是女孩子若只是總機行政助理，年薪加總可能也只是三十多萬。

這其實就是內心格局的問題，後來當君婷的收入不僅僅也掛上那些百萬經紀人的彩帶，其實她也業績第一年就已經超過百萬，後來成長更快。她對財富的定義已經改變，這背後植基於她能力的提升，以及她受到客戶的普遍肯定。

而自始至終，不變的是她做人做事的初心。

儘管每天可能一而再再而三的和新人分享，她仍可不厭

其煩的闡述，成功之道，認真認真，做事要認真。誠信誠信，做人要誠信。

　　現在的君婷，繼續維持銷售佳績。只不過從她投入這行業大約第三年左右，她的客戶群，已經是絕大部分以老客戶為主了。即便如此，她依然不忘每個月一定要花一點時間去開發新客戶。

　　君婷也經常以她的例子來說明，如果願意初始花多一點工夫去經營，就好比她願意多花點時間把一份型錄印到最完美，也如同她可以踏實的去經營一個個住宅社區。可能最前面比較辛苦，但到後來口耳相傳的效應，卻是無價的。

　　如今，可能光經營現有的大樓住戶，每月都有相當的成交案例。光同一棟大樓，最多竟然有短短一年多就成交十一戶的，而這樣的實例只會越來越多，因為君婷已經在地方深耕，那樣的付出無可取代。許多住戶，就是指名要找君婷，即便其他家房仲來「踩線」，提出更誘人的銷售承諾，也無法打動老客戶的心。

　　君婷對所有她的客戶表達十二萬分的感恩之意。
　　最後，君婷也願意分享她的業績成功之道，除了認真、專業、誠信之外的另一個祕訣，那就是感恩。
　　除了感恩過往帶給她學習成長的家人以及商場貴人，也感恩自己現在的老闆，因為這家公司老闆為了栽培員工，很樂意不計成本提供獎勵給員工。這其實也和君婷的行銷作風吻合，她願意為了提高服務品質，自費花一定成本去準備精

美禁實的文宣資料。

　　另外也要感謝一起合作的夥伴，以君婷的房地產銷售模式來說，她主攻的是開發，這部分她很擅長，因為她在地的根基打得很穩，一有物件資訊，她都可以第一手知道。以成交來說，開發和銷售業務間的分成是 6:4。無論如何，君婷對於合作夥伴都很感恩，也願意無私地提供自己的資料及情報給對方，追求共好，共創佳績。

　　最終，願意抱著感恩之心，一路上也就會遇到更多的貴人。

　　出書這年才三十多歲的君婷，因著認真，所以迎向更美好燦爛的人生。

IG

Line ID

Youtube

專業行銷企畫・店面土地豪宅房產・歡迎委託
戴君婷　LINE：0966553702

Part 3

人生起伏篇

思維探討：順境與逆境，對人生各是怎樣的課題？

築夢銘言：人生就像考場，誰沒有過關，就得接受更多生命的苦。勇敢迎接逆境與挑戰，人生才有新境界。

醫美教母，走過風風雨雨的人生習題

廖蓓琦

有時候不免會抱怨、會覺得不公平，
為何那麼多不幸與創傷要同時發生在我身上？
就好像怎麼別人都在走平坦柏油路，
我卻得爬這顛簸石子坡，
但走著走著，發現自己體力更強了，耐性韌性也進步了，
而當爬完坡看見那麼美的風景，原來，
這一路不是折磨，是上帝賦予的禮物。

◆ **醫美教母──貝姐**

　　有時候人們會尊稱某個人，說她就像某個產業的一部活歷史，甚至她就是那個創造歷史的人。

　　人稱貝姐的廖蓓琦，正是這樣的人。

　　現在人們普遍都在說著的醫美，以及再衍伸出去的類醫美，或者其他結合科技與青春美麗的身體保養學，追溯這個產業的最源頭，貝姐都扮演著重要的角色。如果當初沒有她的創意頭腦以及勤奮拓展，那麼這個如今蓬勃發展的產業，可能會晚好幾年才發生。

　　話說從頭。那是韓劇尚未被引進台灣，也沒有甚麼哈韓風、花美男、韓式美人這類名詞的年代。那時代，美容就是美容，醫院就是醫院，那是兩個完全不同，甚至可說是相反概念的產業。畢竟，美容就是年輕女士想要讓自己變得更美的專業場域；而醫院，不就是讓一個人脫離病魔的地方？在那兒，能夠保命最重要，美醜是最不重要的事。至於若醫院跟美可以結合在一起，那就是整形。那年代，會整形的就只有發生意外造成顏面或體膚傷殘，亦或天生外表有缺陷想要花錢整容才會去的地方。

　　真正讓「醫」與「美」連結在一起，甚至有了標準化的SOP，大部分的作業流程和事業經營模式，都是由貝姐所創。

　　如同現在人們所看到的：貴賓級的接待服務、打造會員制VIP尊榮感、專屬的美容諮商顧問，這些都不是原本的常態，都是循序漸進被導入的醫美標準。在那裡，女子都看不出實際年紀，話題總是圍繞著最新穎的保健和醫療新知，談起細

胞活化、新陳代謝、生物科技，大家都站在趨勢尖端。去醫美診所的客人，絕不是病人，而更像是貴族沙龍的雍容貴婦。

當初貝姐為何能開啟醫美這條新路呢？

這和貝姐的人格特質有關，直到現在，年至中年，剛從對抗癌症還有重大意外斷臂疼痛之路走過來，她依然亮麗開朗，侃侃而談的，都是走在時代尖端的趨勢與醫美應用。

就是這樣的貝姐，永遠格局宏觀、眼光前瞻且總是勇敢身體力行。所以貝姐才能創造一個產業，因她而改善許多人的一生。甚至說她重新形塑台灣女性美麗定義，也一點不為過。

貝姐，就是醫美教母。

◈ **邊進修邊成長**

天生就有股想衝鋒陷陣的熱情，除了剛出社會那些年邊工作邊學習外，貝姐很年輕才不到三十歲時，就已當家做主自己當老闆，不論是開店、做貿易，以及後來自己創立連鎖醫美事業，她天生就是領導人物。

「老闆」這種身分是這世界上多數年輕人羨慕的職銜，但其實當老闆的人也是承擔最多風險的人，稍一不慎，傾家蕩產者比比皆是。老闆必須身兼多種特質，頭腦精明、行事練達，最重要的是眼光得要獨到，才能在殘酷競爭市場中生存下來。

成長於七〇年代，那時候女孩子被設定的主要社會角色，除了賢妻良母外，就是秘書助理等等的，當時貝姐在校念的也是一般商業的秘書科。由於本身長得漂亮，也很關心美的事物，加上總是有強烈的好奇心，她也主動去接觸美容領域的多

元學習。後來畢業後就自然選擇美容相關產業。除了初始幾年累積基本的美容技術曾當過人家員工，沒幾年她就自立門戶了。先是擔任代理商，引進海內外的美容保養商品，之後對這個市場更熟悉後，她就經營起自己的美容沙龍。

就算只是一家小小的在地美容沙龍，經營也需要學問。如何留住客戶？如何在有限的時間空間中，打造最高效益的收入坪效？這都是老闆要關心的課題。年輕時的貝姐，自然還有很多功課要學，也曾在事業發展中碰到卡關的瓶頸。對貝姐來說，「保持現狀」永遠不是她的選項，她經營事業，追求的是持續的成長，每當碰到卡關營業額總上不去時，她會檢討自身，認知到自己所學不足，然後透過各種方法充電。

事實上，貝姐的職涯路同時也是學習路，幾十年來不間斷的進修。只是隨著事業越做越大，她進修的格局也越大，初始是在國內上課，後來她都是遠赴歐美，甚至暫停事業，長時間在海外研習。對她來說，取得證照或文憑不是最重要的事，所謂學習，她希望是真的可以帶來可以具體落實的新東西，這也造就了後來每當貝姐海外進修後，回國就引進新的觀念。

例如很早時候，貝姐就在澳洲發現，原來光是整修指甲也可以有專門的店，她當時也引進美甲的概念。後來在台灣推展醫美，也是在歐美受到的啟發，但她並非把歐美的醫美診所依樣搬過來，事實上，那年代海外也尚沒有醫美產業。但貝姐被啟發的是：「原來，診所也可以是一個很美的空間」。這個觀念深植她內心，初始尚未發展為醫美診所概念，然而一旦時機成熟，後來自會開花結果。

在此貝姐也鼓勵年輕人以及所有在職場力爭上游卻成效有限的朋友，有時候我們不是光靠努力奮鬥就會有成果，她以電腦比喻，今天假定你的鍵盤上有一個字母「A」，故障卡住了。那打字會如何呢？就是每次打到句子中有「A」都會出問題。那可能無關打字者的專業能力，他可能是程式高手，但程式怎樣都寫不出來，因為那鍵盤出錯了，此時若一味探討程式為何寫不出來？那就是弄錯焦點。

與其不斷熬夜想修改程式，或者種種自責，還不如讓自己停下來，休息一下再好好找出問題。以本例來說，把鍵盤修好，或者換個新鍵盤就好。

她鼓勵人們養成學習進修的習慣，所謂「休息是為了走更長遠的路」。電腦停工找出問題重整後，之後就能發揮更強的功力。

◈ 柳暗花明又一村

由於總是靜不下來，帶著拼命三郎的個性。過往以來，貝姐常常是身體拉警報了，才不得不停下來，否則她老是沒日沒夜的工作。經常她選擇進修的時機，也正是她身體發出警訊必須被迫養病的時候。

每當那樣的時候，她一方面工作上碰到難關，一方面自己身體又出狀況，那是最煎熬的時刻。但她也總是覺得幸運，感恩上天讓她時時體驗這些困境，如此她後來才可以感受到「山窮水盡疑無路，柳暗花明又一村」的喜悅。

如果人生一路平順，又怎會有成長？有怎會有突破後對比的強大快樂？

早年開店的時候，要煩惱的主要是時間管理以及人力資源調配問題，因為用心投入，她很早就已經拓展分店，她自己的美容技術以及對如何款待客戶讓她們服服貼貼等，很有一套，但她無法一個人盯著每個店員都照她方法做，一家店就夠辛苦了，還拓展成兩家。大約三十歲時候，她病倒了，被迫休息，選擇出國充電，也在那時候，她陸續接觸到心靈領域的學問，開啟了她終身對身心靈成長的興趣，她特別有興趣的，不只是個人性靈提升，而是心靈科學可以如何改善全人類，幫大家提升的生命境界。她後來也把相關的觀念帶入醫美產業，讓醫美服務更全面。

　　在她沉醉身心靈學習時，甚至她一度考慮要轉行當心靈諮商師，她當時也已經正式取得國際證照。如果貝姐當時做那樣的選擇，那可能台灣後來醫美發展就不會如現今這般蓬勃。

　　無論如何，做甚麼都要做到最好。總是不斷嘗試新事物的貝姐，後來也依然是身心靈的導師，這讓她在創立醫美事業時，更懂得如何做到更契合人性，更帶給人身心舒暢。

　　貝姐回憶，早年時候，開始有愛美的女子，會去做雷射美容或者簡單手術如割雙眼皮等等，那時候的診所，就只是診所，頂多醫生可以態度親切些，但服務流程就跟一般感冒發燒去掛號看診般，甚至前一個「患者」剛做完臉部手術，換下一個時，前一個就自己去旁邊水槽沖水，然後坐在一旁另一張椅子，接續著敷臉。

　　這個世界，當新的模式尚未出現，超過 99% 的人們，就是習慣性的接受。就好比：7-11 未出現前，人們習慣買東西就是雜貨店；電子系統尚未引進時，去公家單位或郵局辦事，就

是長長人龍。

　　只有那不到 1% 的人有遠見，看出可以轉換全新的模式。

　　在美容產業服務一段時間後，貝姐開創了醫美新模式。

◆ 創建醫美產業服務流程

　　現在想來，其實這很不可思議。曾經人們視為畏途的醫院，可以不靠近就儘量不靠近，曾幾何時，變成很多人每幾個月就固定要做預約，很樂於去報到的地方？

　　觀念是用來被打破的。貝姐首創的概念：醫療可以不只是治病，醫療可以用來讓人變得更好。這所謂的「更好」，不單指身體健康，更是指一個人最在意的外表。

　　原本美容是美容，醫療是醫療，不論在教育研習或者職場分類，都是截然不同的兩個領域。人們當然都愛美，但這是屬於美容院美髮院乃至服裝飾品店的範疇，實務上，懂美容的人不會懂醫學，畢竟，醫生的養成可是國家級的重點教育，要七年以上才培養出一個醫生。

　　然而，如果美容專家也能了解人體的基礎醫學，例如皮膚的架構、以及細胞如何新陳代謝等等，但本身不需要懂「醫技」。她只需和醫生合作，那位醫師也不需要很懂美容領域的太多細節，但他可以充分和美容專家溝通，藉由自己專業的技術，結合最新的生化科技，讓「使用者」變得更加容光煥發。

　　從前，躺在診椅上的是「病人」，現在躺的是「美人」。

其實社會制度至今仍跟不上時代潮流，依照傳統觀念，醫院就是治病的地方，所以只有具備醫師執照的人才可以經營。這也讓後來貝姐創業無法全心揮灑，她永遠必須找醫師來合作，才能開立醫美診所。即便如此，她依然可以以投資者的身分，在全省拓展事業版圖，最鼎盛的時期，她從北到南同時有十五家屬於自己的醫美據點。

　　貝姐創建的醫美模式，現在已經是所有醫美產業的基本作業模式，也以台灣為中心，影響到中國和港澳。

　　如同貝姐所說，她不是投入生化科技的科學家，也不是研習醫學的執業醫師，她只是看到一個新的市場，將那些生化新趨勢具體落實為民間的實務。她創立的標準化流程，現在人們去醫美診所，固定有兩道服務程序，第一道先和美容諮商師見面，討論諸如自己的膚質如何？想要做到怎樣的改變？如何逆齡？如何去老化？……等等。經過專業的協助，最後達成共識，再進入第二道程序，由合格的專業醫師，在嚴謹的醫護專業環境，提升自己，讓自己變成更美的人。

　　這中間包含許多的環節，當年也因此投資很多費用。例如每家診所一定要至少有一台檢測儀器，此外還有打雷射、電波拉皮等機器，同時也須配合時代與時俱進地增添設備，那些儀器機器每台都一定是百萬起跳，所費不貲。

　　無論如何，後來因為口碑效應，貝姐的事業蒸蒸日上，投資都能回本，並且讓她年紀輕輕就成為一個億萬富翁。她也常接受媒體採訪，是典型的女性成功典範。

◈ 不是身為醫生就可以經營醫美診所

　　或許有人要問，大家都同樣可以廣收新知，許多人本身都擁有美容及醫學專業，但為何貝姐可以走在時代之先呢？

　　貝姐說：「這依然和心態有關。每天我們都處在競爭的環境，面對競爭，你是選擇得過且過勉強及格就好，還是我就是擁有強烈信念，不想輸給別人。心態不同，眼光就不同。」例如貝姐的腦袋就總是想方設法想要改變現況，她不怕挫折挑戰，並且覺得反倒每個挫折挑戰，都是一個全新的商機。最典型的，當初她打造醫美流程時，面臨的時代背景，是金融風暴以及對產業的失望，那時候受不景氣影響，傳統美容院來客數大減，那些賣美容保養品的，也業績直直落。同樣的時間，貝姐的醫美中心，卻總是預約滿檔。

　　大部分的人們，可能因為經濟情況變差，每月一兩千的美容預算，可以捨棄，保養品也選擇便宜的就好。但醫美相對來說，費用更高，可能整套拉皮流程就要上看十萬，卻有許多人願意捧著現金來排隊。這就是市場定位問題，這牽涉到每個人的價值觀。就好比我們問一個人，她願意花多少錢購買彩妝，價格可以幾百頂多一兩千，但問她願意花多少錢擁有「美麗」？那預算就不一樣了。將問題換成，願意用多少錢買到「青春」、買到「長壽」，如果這不只是商業廣告用語，而是真的有專業服務可以做到。那就算很出用千萬代價換取回復十年青春美麗，也總是有人願意買單。

　　本身學生時代沒有受過太多行銷訓練，貝姐卻天生就有種商業敏銳度，而這種敏銳度是學不來的。

　　常有這樣的情況發生：看到貝姐事業經營的有聲有色，

好像日進斗金的樣子，有些醫師就看了眼紅。覺得這女子又沒有醫學專業背景，卻可以事業做到那麼成功，那我們本身就是醫師，肯定可以做得比她更好。於是往往那些自認為有本事的醫師，也自己下海來創立醫美診所，最終幾乎毫無例外的，一個個鎩羽而歸，這時他們才真正了解：擁有醫療技術，跟懂得經營事業，根本是兩碼子事。這也是許多名醫，願意心服口服和貝姐合作經營事業，聽她指揮的緣故。

就這樣，貝姐從無到有，開創了醫美這樣的產業，四十歲前就已經婚姻事業財富名望都達顛峰。就算經營拓展上有甚麼阻礙，以貝姐豐富的經驗，大風大浪都經過，也都可以輕易化解。

然而，上天既然要激勵一個人成長，自然會派出功課。結果，在她完全沒預警下，短短一兩年內，各種橫逆接踵而來，導致後來她一方面幾乎被重症拖垮，一方面事業出問題四面楚歌，也幾乎賠光她所有的積蓄。

◈ **上帝帶給她最大的功課**

長期以來，為事業奔忙，即便已經打造幾輩子也花用不完的財富，貝姐依然天天馬不停蹄工作，她在乎的已經不是金錢，而是身為集團創建者，她有責任要對旗下的所有員工以及醫美診所客人負責。

那時她常感疲累，原以為只是如同過往般，操勞過度導致身體負荷過重。後來去醫院檢查，晴天霹靂地，被告知她已罹癌，並且狀況不佳，不好處理。

總是將心用在關懷別人身上，直到這一刻，貝姐才回過頭來關心自己，她驚覺，她甚至連命都快沒了。這時候還談事業版圖，談那些營業額市場占有率等等的，有甚麼意義？

　　驚訝只是一下子，貝姐很快就振作，並且做出決定。她用很快的速度，重整旗下醫美診所的營運，她宣告正式退出她的事業，將赴美專心養病。原本不具醫師資格的她，本來法律登記上，就不是這些醫院的院長，如今更是退出經營權，也出脫手中所有的股份，算是在事業上勇敢的急流勇退。

　　不幸的，因為一念之仁，雖然這些企業後來經營已經跟貝姐沒關係了，她既非董事長也沒有擔任集團任何職位，但當初在和醫生們合作醫美事業時，曾經有些書面的委託書，她為了不影響醫師後面持續為民眾服務，並沒有收回。結果當她人都已經遠離台灣，在美國和癌症病魔對抗時，少了貝姐管理監督的事業，一個個出狀況，並且後來都把燙手山芋丟給貝姐。

　　從 2016 年發現罹癌赴美治療以來，貝姐看到很多人性的不堪。當事業經營飛黃騰達時，賺的錢大家都要分一杯羹，可是後來他們自行接手營運，陸續出現各種糾紛，主要是財務問題，投資失利、管理不善等等，產生的各類債務及民事紛爭，後來官司都還是牽扯到「創辦人」貝姐。

　　那是段很難熬的時光。試想，一個人已經面臨生死關頭，正身心俱疲與死神拔河。卻仍持續要背負已經退出經營的前事業體之種種責任，法院傳票、債權人威脅，乃至於捕風捉影的媒體種種不實的報導等等，那種被誤會、做好事還被無端攻擊的苦痛，遠大於身體被癌症啃食的痛。每當午夜

痛醒，望著慘白的病房，想到人生淪落至此，若是一般人可能已經選擇自我放棄，甚至心想死了也好，一了百了。

但貝姐就是貝姐。她心中想的是：「又來了，這又是上帝在考驗我了。沒關係，我不怕考驗，雖然這次上帝出的習題，難度非常高。」

於是貝姐咬緊牙根，面對所有挑戰。她首先面對自己身體，醫生建議她化療，對醫學保健非常了解的貝姐，知道所謂化療，不只殺了壞細胞，更殺掉許多好細胞。如果接受化療，她將全身虛弱再也不能處理其他事。她選擇直接手術，並且以不可思議的毅力，堅定的抗癌。

也在她的強大意志力下，2019 年，癌症病灶去除，檢查後也沒有復發。她回台灣來，全力對抗另一個挑戰。

◈ 手臂斷了，也不阻撓前進的意志

東方人愛說：「福無雙至，禍不單行。」真的很難想像，一個人可以在短短兩三年受到那麼多打擊。

剛受到癌症折磨，回台後，迎接她的是種種的訴訟債務糾紛，以及人性的黑暗面。那段時間，雖然橫逆不斷襲來，貝姐從未被打倒，她仍繼續積極展現生命熱度，透過她的專業，去擔任培訓講師，鼓勵新人。但就在一次活動中，竟然發生意外，貝姐撿回一條命，但右手臂嚴重骨折，基本上就是手臂斷了。

當時她每天還有很多過往事務纏身，債務訴訟她要面對，同時財務大幅流失，她也必須維持生活，斷了手臂，她根本無法做事。大部分人在這樣的時候，可能會崩潰，對天

吶喊，是否天要亡我？但貝姐只是就事論事，跟醫生討論手臂要多久才會康復，至於右手臂可能長達半年都不能動，沒關係，那就用左手臂吧！

就這樣，一步一腳印，抱持著「我不怕任何打擊，要甚麼挑戰都來吧！」的超強意志力，貝姐最終也把過往醫美後續經營者闖出來的禍，勇敢承擔由她來面對處理。做到一個「當責」的典範。

仰不愧於天，俯不怍於人。貝姐這樣一路走來，2020 年夏天，在經歷風風雨雨後，她和一位重量級的也是現今醫美產業幕後的重要董事見面，那位長者說他這一兩年聽到太多對貝姐的攻擊，但他總感覺，能夠開創一個新產業的人，格局不會是這樣。終於他親自和貝姐面對面後，疑慮化解。閱人無數的這位長者，他很肯定的說，貝姐絕對是一個值得信任的人。

貝姐過往所累積的財富，在這三年罹癌以及事業糾紛中，幾乎賠到傾家蕩產。比起財富上的損失，貝姐更重視的她自己的人格不容被汙衊，她相信只要她仍存在著，以她的強大毅力，以及內心充滿著想要幫助人的信念，她一定可以東山再起，再次用她的成就，讓世人眼睛一亮。

完全沒有任何懈怠地，貝姐一回台灣，一邊處理面對種種的挑戰，她一邊也已經在積極找尋未來的商機。

總是站在趨勢尖端的她，要尋找的，自然也是時代尖端的產品。

所以她在 2019 年，很快地找到她要的事業。決心投入幹細胞相關領域的推廣服務。

◈ 投入幹細胞事業

2017 年，還在美國和癌症病魔對抗的貝姐。即便身體虛弱，也依然不改本性，她腦袋總在運轉著，思考著如何做出轉變，為社會做貢獻。

當時躺在病床的她，持續關注醫學新知，那時就對幹細胞相關資訊非常有興趣。特別是當她被病痛所折磨，不免就會想到跟身體相關的課題，當人們身體出現異變，不論是西醫的開刀吃藥，或中醫的氣脈疏通，那往往都已經是屬於亡羊補牢的領域，最終頂多可以治標，卻無法治本。但在全人類都為一生不可避免的病與老死所畏懼時，近來各國科學家研究，人體本身就有全宇宙最強的自癒能力，只是其中有太多的奧秘尚需破解，而幹細胞被發現，正是個重要的保健甚至保命良方。

所謂幹細胞，是未充分分化、具有再生各種組織器官的潛在功能的一類細胞。簡單說，人體的發育成長，各個器官長成及修護的背後，都跟幹細胞息息相關。

談起修復，細胞修復包含兩個人們關心的層面，第一，細胞發生狀況，就會導致人體生病，那麼，細胞被修復了，自然可以讓病消失。第二，人都會老化，老化是因為細胞代謝能力下降，但如果細胞可以被修護，那就會延緩老化過程。所以無論是身體保健，或者女性最想追求的青春美顏。幹細胞，都被發現具有非常關鍵的作用。

關於這領域，還有太多的學問。但貝姐一發現這是醫美發展的關鍵，就非常積極投入，她也去關注幹細胞的市場。大部分時候，幹細胞要在專業醫師的監督下，以侵入性的方式進入人體。這是醫學領域，貝姐較難置喙。積極尋覓，直到後來，貝姐終於找到一家國際性的集團，研發出可以口服用的幹細胞。

貝姐確認她找到對的產品了，這也是如今在經歷萬般風雨後，貝姐選擇要投入的新事業領域。

2020 年，貝姐從重重打擊後復出，拋開癌症和經營上的苦難過往，她要重新發展事業。並且她也衷心感謝上天對她的厚愛。

她感恩上天，如果沒有這三年接二連三的打擊，就無法提升貝姐更高的抗壓性。她再次突破自己的極限，可以說，她覺得日後再也沒有任何事可以打倒她了。她都已經經歷過生死，也經歷過爬到很高再重重跌下的滋味。

經過這次考驗，她也發覺，這是上天讓她去思考更多層面的人生。在醫院裡，貝姐有很多時間可以反省。她終於看出，過往她花太多時間在到處奔忙了，她犧牲太多東西了，包括她犧牲她與家人的關係，包括她沒做好與員工的關係，她想起來，她對員工太過嚴厲，雖然她很照顧客戶權益，但反倒有疏忽到照顧自己身邊的人。

更別說，她犧牲了自己的健康。從二十幾歲開始，一次又一次的她讓自己病倒，終於這回上帝給她最嚴厲的警告，再不珍惜自己，那人間你就不要待了吧！

記取這回上天給她的學習領域，現在的貝姐，也是個公益達人。她不再每天汲汲營營總是在財報數字裡打滾。她願意多花點時間去看看世界，並且去關懷弱勢。如今的貝姐，也是常態性的安養院巡迴服務成員，她本身熱愛唱歌，有一副好歌喉，也曾得到業餘歌唱比賽獎盃。如今，她每周都會到安養院照顧老人，唱歌給長者聽，看到這些阿公阿嬤們如癡如醉的表情，也是人生一大樂事。

　　走過高峰，也走過低谷。貝姐說，曾經她是醫美教母也好，現在又闖蕩新的事業也好，凡走過必留下痕跡。如果回首過往曾走過的路，看到一路已長出很多大樹，讓後人可以乘涼。那她的人生就值得了。

　　醫美教母，依然努力在人間耕耘。

　　她也歡迎所有對醫美領域及幹細胞應用相關有興趣的朋友，可以和她聯繫。

思維探討：以一個投注同一企業近四十年的金融人角色，看待職場選擇以及如何面對心中的價值觀。

築夢銘言：今天的業績，可能是明日的業障。做人，心要寬廣，日子才會快樂。

一姐見證一頁頁台灣金融滄桑史

朱鳳卿

回首這段奮鬥的人生，
赫然發現，我不只寫就自己的精彩歷程，
也同時見證了台灣的金融發展史。
每一場經濟風暴我都經歷過，
每一種人性考驗我也都了然於心。
當海嘯過後，急流勇退，沙灘上的景象無所遁形，
只有我心清明如鏡，也無風雨也無晴。

◈ **來自美濃，最勤奮的工讀生**

　　現代社會，放眼身邊周遭朋友，應該少有人聽過，由學校畢業到退休，從一而終，都是在同一個企業服務，甚至連同學生時期打工的經驗也算進去，都是在同一個機構。而在南台灣金融界被人尊稱為一姐的鳳卿，正是在同一個企業，歷經大時代變遷，依然堅守崗位，並且與時俱進，成就非凡的典範。

　　從民國七〇年代開始，一路走來，鳳卿服務於省屬行庫已超過 38 個年頭。

　　提起堅守崗位，很多人可能第一個印象，就會想到公家機關裡頭，從高普考錄取後，就日復一日做著同樣蓋章動作，從少年做到老，每天下午悠閒喝茶看報的形象。然而，鳳卿所在的機構，可是工作節奏最為繁忙的金融產業，而她又是台灣第一代的專業理專，可說是不只用帳冊書寫歷史，她也伴隨著台灣經濟榮枯起起伏伏，多少驚心動魄的金融事件她都現場經歷。這樣的 38 年，絕對和傳統印象中的公務人員不可同日而語。

　　出生於高雄美濃，鳳卿如同那年代許多的純樸南方姑娘一般，學生時代最大的願望，就是希望能夠早點入社會開始工作，幫忙分擔家計。她選擇的科系，也是最符合當年就業導向的國際貿易，並且她念的是職校夜間部，正是為了白天可以就業。當年正處於台灣經濟起飛階段，貿易正是年輕人最有前景的選擇之一。只不過非金融財會科班出生的鳳卿，怎麼也沒想到，有一天她會成為金融領域的先鋒。

由於還是學生，才 17 歲的鳳卿，去哪工作自然都仍是工讀生身分。也剛好，有同樣來自美濃的鄉親，在省屬行庫擔任高層，也因為這層關係，鳳卿有機會可以到行庫服務。在早年時候，省屬行庫算是標準的金飯碗單位，一般人是難以進去的。即便如此，若是本身的能力沒有被肯定，工讀生也是會被人嫌的。鳳卿當年是做事認真，禮貌又乖巧，真的是人見人愛，所以她在行庫的工讀生歲月，整整的經過七年，由 17 歲服務到 24 歲。

也許有人要問，工讀那麼久？難道她的職校要念七年嗎？其實這又跟制度有關，鳳卿的職涯史，正好也是一頁頁台灣金融發展史。話說七〇年代，台灣的金融環境仍然比較保守，現在人們耳熟能詳的幾大金控體系，當年都還沒問世，各類五花八門的投資工具，那年代更是聽都沒聽過。是一直到民國八〇年政府才核准新銀行設立，九〇年代才蓬勃發展為如今有多達四五十家公營及民營銀行。

鳳卿在銀行當工讀生時候，省屬行庫尚未官股釋出，仍是標準的公家機關，適用所有政府規範的公職升遷制度，而在那幾年不巧又碰到人事凍結，因此沒有新的缺額，所以，鳳卿就繼續擔任位在正職的最低位階，也就是編制內的工讀生，相較來說，反倒業務助理，並非正職，而是約聘制，需一年一簽，業助必須經過考試通過，方能進階為正職的公務人員，擔任業務。鳳卿那時候還是學生，後來畢業後，也尚年輕，還在磨練，那時她比較不擅長考試，所以仍以工讀生身分留下來。只不過這個工讀生，已經夠資深，她勤奮積極，總是主動詢問各部門有沒有需要幫忙，大家也樂於讓這

個可愛的小女生協助工作，也因此，那時候的她職位雖低，卻反倒是公司裡少有的，同時了解不同部門運作的職員。

◈ 走在時代尖端，不斷取得證照

處在銀行體系，非科班出身的鳳卿，真正是從最基層做起，端茶掃地等打雜事務她都做過，歷練不同的行政實務。

工作七年後，她的經驗早已遠超過學校科班的教學，但無論如何，她仍需取得正職身分。所以她仍需利用業餘時間，自己K書，總算按照公務人員流程，一階一階往上爬，每考過一關，就升一級，由工讀生，後來擔任約僱，約僱滿一年去考試（公司內部考試），過關後，這時才是正職雇員。也因為歷經這些考試，原本少女時代自認不太會念書的鳳卿，久戰成老兵，後來已經變成很會念書的女子。乃至於人生大翻轉，那個職校女生，後來變成那個年代，同時擁有各類金融證照最多的專業職人。

大約近三十歲時，鳳卿已是考場常勝軍，例如銀行內部升等的員工要取得公務人員資格，須經過銀行委任考選部考試通過，才可以取得公務人員資格。她是第一次參加就考上。緊接著，民國八十七年，她所屬的行庫，準備民營化，因為心中有危機感，所以鳳卿決定要擁有證照，讓自己若碰到狀況有個退路。那時她更是身經百戰，考遍各類的金融考試。

所謂危機，就是指當行庫不再是標準的公家機關，那麼傳統民間的種種勞資紛爭，例如裁員、強迫資遣等風險就會出現。鳳卿回憶那一年，身邊同儕人人自危，每個人都在找出路，結果那年就有一大批擁有高普考執照的人，申請調去

稅捐處等單位，另外也有人後來調去校園擔任行政職務。但對鳳卿來說，一來她熱愛金融工作，二來她知道調去那些單位，薪水將大幅下降，差距達一萬以上。對一般平民百姓來說，每月少個一萬元，是很大的數字。

鳳卿不想要跳槽到其他單位，取而代之的，就是她選擇去考專業證照，讓自己的實力加分。要知道，當時各類金融改革開放不久，擁有專業證照非常吃香，鳳卿先去考取高業執照，所謂高業也就是證券商高級營業員，相對來說，另一種就叫普通營業員。若取得高業執照，在當時甚至還有資格上電視，那年代尚沒有名嘴這個術語，但高業營業證照，就是可以夠格，講出各類術語，讓投資人追隨。

高業執照已經很難得了，鳳卿接著又去考期貨證照，就這樣一張張證照，她都不嫌辛苦的去取得，那些都是她每天白天忙碌工作後，下班還得趕去補習班，然後有機會就苦讀那些一般人看了會頭昏腦脹的課本，一步一腳印的，民國九〇年代前，鳳卿已經前前後後累積了至少十五張專業證照，初始是為了職涯保障，後來她是真的對投資理財有了很大的興趣。有些證照，例如期貨證照，期限只有六年，這六年間若沒有正式執業，那張證照到期後自動失效，若要再取得資格，必須重考，鳳卿也真的又再去考一次試，取得證照。

同時間她繼續在行庫服務，後來已經知道，大家擔心裁員真的是太杞人憂天，基本上行庫直到現在也都很少裁員，但那年由於危機感，也的確讓鳳卿因此人生有了大躍升。不知不覺地，她忽然發現，放眼身邊金融圈的朋友，她竟然是走在金融趨勢最尖端的人。

◈ 成為台灣第一代理專

在台灣金融史，特別是股票投資史上，有所謂六大金融危機，每一次都帶來市場慘跌。亦即民國 79 年的證交稅實施風波（其結果是導致股市由 12000 點狂跌），八〇年代的兩岸危機，中共試射飛彈也嚇跑一堆投資人，股市腰斬。之後則是至今人們仍聞之變色的亞洲金融風暴，影響廣及諸多國家。千禧年時，網路泡沫化，也是帶來投資市場衰退，再之後的 SARS 風暴，以及隔幾年後的雷曼兄弟風暴，當時所帶來的傷害，許多都造成永久性的影響。

而以上這些歷史大事，鳳卿毫無例外的，不但每個都沒有錯過，並且後來她還身處第一線，直接面對投資的凶險。

話說從頭，鳳卿如何從一個基層的銀行行員，後來變成投資界的一姐呢？

其實最起初，鳳卿只是秉持著學習的熱誠以及為民服務的善心，當時也沒想太多，當公司賦予她新的任務，她就直接去執行。她是台灣第一代的理專，所謂理專也就是理財專員，想掛上這個職銜可不容易，至少要取得六張基本證照，並且每年還要接受好幾十個小時的培訓考核。

時移事往，若今天有機會搭乘時光機回到過去，鳳卿說她重新抉擇後，就不一定會踏入這個領域，因為後來真的經歷太多壓力。其實以證照來說，所謂人各有志，當年鳳卿就有很多同儕，本身財會科班出身，能力也不差，但就是刻意不去考證照，因為制度規定，很多職位，例如理專，就是一定要具備某些執照才能擔任，那些同儕寧願過著平凡但悠閒

的日子，在大機關底下領安穩的薪水，也不想升上高位承擔風險。

說起來，那些風險，可真是大。到頭來，很多理專得了精神官能症，甚至選擇輕生的也很多。可見這條路，真的崎嶇難走。鳳卿至今回想這一段擔任理專的歲月，有時仍感到心有餘悸。

但那已是後來的事，在民國九〇年代，鳳卿剛受命擔任理專，當時她不僅僅是全公司唯一的理專，並且行庫全省加起來兩百多個分行中，當時也只有三十個理專，是為第一代理專。也因此，鳳卿的職涯史，真的不折不扣，也是台灣的金融發展史，她親身經歷股市榮枯，經歷各種金融風暴，也經歷投資工具由簡單到如今眼花撩亂的變遷。

其實，在理專這個職位正式出現以前，鳳卿就已經在從事這方面的服務了，她一方面負責原本的櫃台事務，二方面也已經開始接觸初期的信託、保險等產品，等後來這個單位成立，資歷最完整的她，也是公司翻遍所有人事資料，唯一符合資格的人選。

究其實，理專已經算是業務性質工作，相對來說，原本銀行工作屬性是事務性質工作。如今人人都知道，理專要扛著很大的業績，並且肩負金額龐大的投資風險壓力，但初生之犢不畏虎，鳳卿回憶當年初接任理專的心情，只覺得很棒，因為這個職位，可以讓她學習到好多新東西。公司非常重視這件事，聘請很多頂尖的師資，傳授當年仍站在趨勢尖端的很多投資學問。鳳卿享受上課學習的日子，至於後面的

風風雨雨，當時離她還很遙遠。

◆ 身為理專的職責

現代人們都知道理專是怎樣的重任。理專，簡單說，有
兩個身分，第一個身分，理專就是銀行的「業務」，主力任
務就是要幫公司賺錢。第二個身分，才是幫客戶理財，表面
上要幫客戶賺錢，實務上，第一順位還是公司本身，客戶是
否賺錢則排第二。

當然，這兩件事可以併行，當年鳳卿成為南台灣的金融
一姐，就是因為她既可以幫公司賺錢，也讓每個客戶都能滿
意，也因此可以口碑行銷，身為業務，但鳳卿完全不需出
門，客戶自然會一個一個排隊來拜訪她。

而今回顧，鳳卿知曉，那是因為時代的因素，因為大環境
經濟夠好，所以才能投資甚麼就賺甚麼，甚至鳳卿苦笑地說，
那樣的環境，任何人站在她的位置，都能夠幫客戶賺錢。

但畢竟鳳卿被稱為一姐，後來還被表揚，成為第一屆優
質理財顧問選拔顧問，所以這職位也絕不是「任何人來站都
可以賺錢」，要問她能成為得獎的理專，是有甚麼關鍵嗎？
她想想，和別的理專，做大的差別，那就是鳳卿「將客戶的
權益」擺第一，當順風的時候，她的服務得到高度肯定，但
後來也因為她這樣的價值觀，和公司立場嚴重衝突，當後來
經濟環境大反轉，景氣高潮不再後，鳳卿就面臨來自公司龐
大的壓力，這也讓她後來心力交瘁，直到退休前，都難以身
心安適。

鳳卿是民國 95 年開始擔任理專的，在那之前不論投資市場如何起伏，她雖是專業人員，但並不背負客戶的理財重任。擔任理專後，她的角色正式轉換，此時客戶要來請教他的意見，所謂理專，就是要給客戶提供意見。如前所述，理專其實第一個要扮演的身分是為公司賺錢，其次才是幫客戶賺錢，所以一般理專，主力推薦給客戶的商品，往往是「對公司來說利潤較高的」，但不一定是「客戶可以有較大投資報率的」。

　　無論如何，那個年代，雖然金融商品已經不斷推陳出新，但總體來看，相對於現代仍非常保守，因此給予客戶的建議，影響也比較不那麼大。

　　那時大環境好，鳳卿非常風光，後來獲頒優質理財顧問後，更是成為南台灣金融圈名人，包括相關產業的高階主管，若有來高雄出差，也經常都要來「拜會」她。曾經有一次行庫的李副總，在高層主管齊聚的餐會上，親自去電邀鳳卿也來出席，並且現場邀請她，想讓她擔任襄理。但當年鳳卿婉拒了。如果當時她承接了，就等於離開理專職位，成為行政管理業務，那後來的故事發展就會不一樣，但就這就是人生，每個人有各自該選擇的路。

　　總之，身為一姐，鳳卿也成名了許多年。同時間，金融市場也逐步改變，像理專這樣的專職，也越來越被需要，各銀行都紛紛成立。還在北中南各地設有 FC，也就是理專輔導員。隨著競爭越來越多，許多理專開始採取比較大膽的投資作風，相較來說，自始至終，鳳卿都採取穩紮穩打的策略。她的基本原則，從來沒有改變，就是既要幫客戶賺錢但更要幫客戶保護錢財，因此風險太高的商品她不會去碰，因為那

等於是拿客戶的錢去做賭注。

她的主力還是偏保守的基金和保單，鳳卿還記得保德信投信剛成立時，有年輕人來找她，請她幫忙推銷售基金，鳳卿看看也覺得這商品穩健，就推薦客戶來買，結果單單鳳卿這邊的單子就佔了那個年輕人當年業績的大部分，不但讓他達到業績，後來還升官飛黃騰達，那個保德信的朋友終身都感恩鳳卿是他一輩子的貴人。

然而，以上是風光的時候，接著就要步入比較慘澹的階段。

◈ 金融風暴打擊以及對產業的失望

當雷曼兄弟事件，一舉重創許多金融公司時，鳳卿是少數躲過風暴的理專。

鳳卿本人主力是基金，她算是台灣的基金高手，其次則是儲蓄保單。在景氣好的時候，其實怎樣投資都賺錢，差別只是賺多賺少，而銀行端則標準的是所謂「無風險利潤」，那是因為銀行賺得是手續費，客人不論投資輸贏，只要有買有賣，銀行就有錢賺。而景氣好帶來的投資榮景，已經養大投資人們的胃口，乃至於投資人都想找「更刺激」的商品，理專也樂得不斷餵給客戶新商品，反正做得品項種類越多，業績就越高。

也就是那時候，鳳卿開始注意到，市場上出現了一些真的不好理解的商品，如果連鳳卿這樣子滿手證照的投資達人，都感到不理解，更何況一般的投資人？

但當景氣暢旺，各種投資工具，甚麼貨幣匯兌期貨選擇

權，都一一出籠，鳳卿覺得不太對，當時雖有小小嘗試，後來還是趕快出脫。而公司的立場，雖然希望賺錢，反正鳳卿仍持續有業績，倒也不會盯著鳳卿一定要操作哪些商品。

所以當 1997 年，雷曼兄弟連動債這個炸彈爆炸，轟垮金融市場災情處處時，鳳卿本身倒是安然無恙的。但她眼看身邊真的是愁雲慘霧，過往猛推投資型保單或各種債券的同業，此時人人自危，都非常害怕接電話，每聲鈴響都像催命符，也的確，後來有理專被逼到受不了，想不開的。

鳳卿一向堅持，那種根本聽起來很難懂的商品，就不要去賣吧！直到退休，她謹守的投資原則就是越簡單越好，從前賣的商品，可能漲跌都有限制，要賠就在那幾趴範圍內，但到後來大家都在做那種，甚至沒有跌停下限的，那真的鳳卿連碰都不願意去碰。曾經意氣風發的客戶們，如今一個個氣急敗壞，呼天搶地問著，為什麼為什麼，為什麼賠就賠了，但怎可能會賠到血本無歸？為什麼為什麼？

鳳卿只能搖頭嘆息。

當年也只有鳳卿，以及她自己親自帶領的子弟兵，都在她告誡下，不去碰那種風險沒底線的商品，鳳卿的名言：「今天的業績，明天的業障。」也就是這批人，沒有被風暴波及。

然而人生就是如此：逃過這一關，不代表避得了另一關。人生本就是一關關的考驗。當鳳卿認為今天的業績，是明日的業障。但公司就是要求業績，那怎麼辦？終究發生了價值觀衝突的問題。

隨著大環境競爭越激烈，原本採取放任自主態度的公司，給予理專的壓力越來越大。一個人可以堅守自己原則，不該賣的產品就不賣，但又可以撐多久呢？

在雷曼兄弟事件中，鳳卿也很心寒地看到，公司方在賣產品時是一個態度，一旦出事了又是另一個態度。那時候，保護自己才是第一要務，各種風險狀況，公司都推得乾乾淨淨。眼看許多的理專得自己承受壓力，有人被索賠，有人被告上法院，有人憂鬱症，有人自殺。當時，鳳卿自身雖無恙，卻因為看見這行業的黑暗面，而首度興起了「不如歸去」的念頭。

鳳卿雖逃過連動債風暴，但由於股市也狂跌，因此，鳳卿依然被股災所傷，那時她投資的基金，跌幅將近七成。她旗下的客戶，也都因此災情慘重，這讓以客為尊的鳳卿，壓力大增，她本人也因此免疫力失調，那段時間身體不斷亮紅燈。甚至最絕望的時候，腦海裡也曾閃過「放棄一切」的念頭。

經過了那樣的打擊，鳳卿終於看清金融業的本質，這已經無關乎個人是否努力上進的問題，而是基本的價值觀衝突。但這卻又是她從少女時代投入至今未曾轉換跑道的工作。鳳卿甚至不曉得如果有一天離職，要怎麼面對就業市場，她這輩子除了行庫，根本沒找過其他工作。

也因此，雖然感到無奈消沉，後來鳳卿仍繼續在原本的工作上服務，只不過以前追求高業績的一姐，如今，只求穩健，幫客戶守住財富就好。

這樣的她，自然業績大幅下滑，而從那時開始，壟罩她頭頂的烏雲越來越暗黑，彷彿會就這樣群聚不散。

◈ 終於決定跳出這個舒適圈

　　一個人擁有許多的證照，一個人擁有受獎的光榮。但如果這些榮耀只是植基於一個產業，那離開了這產業，又該何去何從？

　　年過四十，鳳卿生平第一次，明明專業及聲譽等身，卻又感到惶恐無助。

　　她從高峰跌落，因為她終於清楚認知，我們只是人，不是神。也清楚知曉，人在世間，處世一定要有個圭臬，有個標準底線。曾經的一姐，於是沉潛了。從此只做安穩的單，不做大單。人們有逐漸看到她「跌下來了」，似乎風光不再。這時候，鳳卿就會清楚看到，甚麼叫做「雪中送炭」，甚麼叫做「人情炎涼」。

　　曾幾何時，曾經簇擁著她的人，後來變成酸民。甚至在她離職前這幾年，她眼看著，她親手教導，屢次將一位新進外聘理專，由即將被資遣的命運中解救，甚至多次不惜讓渡自己的業績給她，只為了讓她年度考核可以過關。但偏偏就是這樣受她恩惠的人，最終恩將仇報，做出踩著她背脊往上攀的事，這件事發生在民國 108 年，此時，那年鳳卿終於勇敢跳出舒適圈，跳出這個她付出 38 年光陰，最終卻讓她心寒的職場。

　　也曾自問，為何害怕離職，是因為害怕嘗試，還是太眷念過往的榮耀？當煩惱不斷，最後她還是選擇最簡單的路，也就是繼續照舊有的模式待下去。民國 103 年，公司來了新的黃經理，她和三位前後任直屬主管，林副理、馮副理以及謝副理，都願意尊重鳳卿以人為本的宗旨，也尊重她在理專

方面的專業，這讓鳳卿誤以為事仍有可為，讓她又選擇繼續留在舊的環境。但是終究產業本身的狀況沒有變，從前只靠善良的主管來協助，讓鳳卿暫時忘記黑暗面，但後來新的主管到來，第一件事就是壓迫每個人的業績，並且很快將焦點投注在鳳卿身上。

但鳳卿絕不願意為了公司利益犧牲客戶權益，她知道，客戶其實不那麼懂商品，往往只是跟風去追熱門商品，然而當漲勢佳時自然是好，可是當呈現跌幅時，鳳卿幫得了誰？由於每個人進場時間不同，當狀況出現，也不是人人都來得及出場，但憾事發生，除了無奈還是無奈，鳳卿自問，難道我是在做神的工作嗎？

不是，我們不是神。最終，她仍必須面對自己。

終於，鳳卿後來決定要正式退休。原本她的心天天都忐忑不安，反倒一旦下定決心，當路已決定，她反倒心安了。

記得離職前最後一個月，一個總公司高層，帶著興師問罪的態勢，刻意來「督導」鳳卿所在的分行，當天就召集所有主管齊聚會議室，然後意向很明顯的就是要找鳳卿麻煩，故意問很多刁難的問題想看她會怎樣的窘境。不料，相對於高層的氣勢咄咄逼人，以及同儕們各個幸災樂禍的表情，鳳卿反倒雲淡風輕的樣子，出乎他們意外，然後鳳卿淡淡地問：「我要退休了，妳們都不知道嗎？」

可笑公司平日只關心數字數字數字，卻從不關心人。連自家人已經要退休都不知曉，留下滿場錯愕。

於是，鳳卿終於離開工作 38 年的職場，她雖然遭遇金融風暴等種種打擊，但所幸自問無愧於心，她有用心守護住每

個客戶的錢。

而原本她還有點害怕，退休後該怎麼辦？但其實一走出戶外，才發現外頭一片海闊天空，路根本就非常的寬廣。

許多教育事業等待她去投入，她的專業正符合市場所需，另外她也要透過演講分享人生智慧給眾人。

她想告訴人們：

●曾經，她非常自我中心，但現在，她懂得處處懂得站在客戶立場想事情。

●改變別人前，先改變自己。當你自己改變了，再去配合別人，就比較容易改變別人，感動別人。

最後她要說：

你要有寬廣的心胸，才有寬廣的未來

做人，如果寬廣心胸，日子比較快樂。

走過一頁頁台灣金融史，鳳卿最終，要走出屬於自己的輝煌。

雖然離開她曾經閃耀的跑道，但精采的另一段人生才正要開始。

思維探討：怎樣面對人生裡重大的轉折？改變會是一件好事嗎？

築夢銘言：因為有過往的磨難打擊，才能造就日後的我更有韌性更堅強。

不怕意外挑戰與磨難，上天自有深意。

薛舒聿（大玉）

曾經我們懷抱著一顆夢想的種子，
朝世界的天涯海角進發，
一路鍛鍊了許多技能，也儲蓄積累許多黃金，
不料來到一處沙漠荒原，
最困頓時，連口水都沒得喝，
那時就想著，有再多黃金也沒用，
連種子都快枯萎了，四周看不到希望。
然而，當這樣的時候，
不需要拋棄黃金，更不要放棄自己，
此時此地不適合，撐過繞過經過就好，

終究會來到下一個美麗園地，

讓種子生根發芽長出綠葉，

彼時讓我們再用黃金打造新生命。

◈ 第一次的意料之外，以及帶來的新境界

生命裡總會有很多的轉彎，如果是自己刻意做的變換，例如轉職、搬家或者嘗試新事物，那至少心中對未來生活有個底。但如果像是來自天意般，生活中突如其來的遭遇、被迫的改變，或者種種跟預期落差很大的人事時地物，那前路又當如何？

遭遇過許多人生的挑戰，見識過非常多的風風雨雨，此時此刻當薛大玉回首她過往打拼的歲月，她肯定的表示，毫無例外地，所有的「意料之外」，包括那些個重大打擊或看似糟糕的境地，事後證明都是為了帶來明天更多的養分。畢竟，我們腦海裡構想的藍圖，只能侷限於有限的經驗，又怎能將想像不到的事擘畫入內呢？而上天正好幫我們一把，透過意外狀況的安排，讓我們擴展視野，找到生命全新的可能。

也算是一種幸運。大玉覺得，她在青年時代，就遇到一個上天給予的「意外狀況」。

出身典型的書香世家，父親是校長，母親是老師，大玉是個典型的模範生，

從小到大，一路品學兼優，不只是功課好，也在德智體群美各個領域表現優秀，總是擔任班長及學校幹部，也真的學路順遂，高中時唸到了南部第一學府雄女，並且繼續保持

資優紀錄。

　　天賦優能力強，原本照大玉自己的規劃，可能就這樣繼續升學考上名校，之後念研究所，然後出國深造等等。若是如此，就不會出現她後來那樣的精彩人生。當然，人生沒有絕對地對或錯，可能照原本的路，又是另一種美好人生，但總之，大玉在升大學那年，發生人生第一次重大的「意外狀況」。

　　以大玉的成績，基本升學志願就是政大師大，或者最起碼高師大或師院沒問題，即便因高三生病，影響學習，但大玉的實力仍是頂尖，但那年聯考甄試的結果，令人跌破眼鏡的，大玉不僅沒能考上任何一所國立大學，甚至連私立大學也只是落在尾巴，僅考上當年排名殿後的文化大學。因為這結果太難以接受，於是去查榜，這才發現，那年大玉除了每個科目都有點表現失常外，最大的問題，是她最拿手科目英文，竟然因為考券答題欄位沒對準題號，整科都因此答錯。

　　這就是一個上天給予的意外狀況。

　　這也是考驗大玉人生第一個必須做出的重大抉擇。

　　大部分時候，其他人會選擇重考。但大玉的父母提出的建議，原本大玉高三那年就因學業壓力有了氣喘等病症，如果要再耗費一年窩在補習班那樣的環境，可能對身體會有更不佳的影響。與其如此，還不如先念大學，未來再嘗試是否考轉學考。就這樣，大玉赴校報到念的是新聞系。原以為是困境，事後證明卻是人生新境。

　　之後大玉的念書歲月海闊天空，有著美麗難忘的四年青春，她發現她根本不需要轉校，在文化大學，她跳脫了過往以來僅以考試定勝敗的傳統思維，也在新環境裡她盡情發揮

天賦，參加社團成為校園風雲人物，同時她的在校成績依然優異，拿過兩次王惕吾獎學金，也獲選為華岡青年，最終以第一名畢業，並以新聞人的身分，正式踏入職場。

◈ 社會這所大學，帶給年輕人的歷練

如今的薛大玉，是個創業老闆，在那之前，她是台灣行銷界知名的戰將，在更之前，她則是科班出身的新聞人。

大玉生活中最喜歡的兩樣東西，一個是咖啡，一個是單寧布。這兩件後來也都和她的職涯結緣。特別是咖啡，更是伴隨著她成長的歲月，現在則成為她的事業主力。

談起咖啡，就要回首大玉在文大新聞系的日子。身處台灣最「高」學府，陽明山中歲月無憂，但不免高處不勝寒，學子必須多添衣裳。由於體質比較嬌弱，有氣喘宿疾，南部的爸媽總會寄上她喜歡的杏仁粉到學校。記憶中，大玉每天早上會自己泡出熱熱的杏仁咖啡，寒日裡溫暖身心，並且貼心地，她在每堂課也會為上課教授備妥這樣的熱咖啡。來自學生的溫馨熱飲，讓師生間更加有溫度。雖然大玉本身就是認真上進的好學生，但她也相信，長久以往這樣的課堂咖啡，也加深教授對她的好印象，讓她得到更好的學習推薦。

大四那年，發生另一次也是上天給的「意料之外」，原本大玉已經獲選可以參加青年親善訪問團，但偏偏那年她氣喘病發，無奈放棄出國。結果後來她轉而去到報社實習，開啟她另一種人生視野。

當時聯合報仍是台灣第一大報，在那樣的環境，大玉得遇許多文化人，許多人至今都還是社會響噹噹的政界文界名

人，或者電視上可以看到的資深學者名嘴。尚未畢業的社會新鮮人，也因此得以親炙這些胸懷抱負眼界非凡的前輩，很早就能打開進入「社會」這所內容複雜大學的門扉。

的確，投入媒體這個產業，讓人可以快速成長。以大玉這樣的楷模學生，大學畢業後的發展，大家都猜想她會念研究所或出國深造，卻沒想到，她以微幅差距當年沒考上新研所，之後她決定直接進入職場，並且一開始就踏入挑戰性很高的媒體產業。

雖然事後回顧整個職涯史，大玉從事媒體工作其實只有兩年多，但那段日子，大玉歷練過平面媒體和電子媒體。外型出眾的她，大四下學期就已擔任電視台行旅節目的主持人，甚至走在路上，還會被人認出是個「明星」。擔任記者時，她主跑政治線，採訪主戰場是最多爾虞我詐狀況的立法院。這些都讓年輕的大玉，很快速的接受現實社會的洗禮。許多上班族們可能工作十年也無法歷練的經驗，大玉卻在剛畢業的頭兩年，就見證到許多的精彩。

她那時就有個明白的醒悟，原來：**人生不一定會照原來的路走，也許當下不明白意義，但久而久之，就會培養一個人的面對事情的彈性，養成個人身段的柔軟度。更重要的是讓心態更加開放，也更加包容。**

原來所有的人生高低起伏，所有的不包含在原先規劃裡的轉彎，都為了引領我們去看到全新的風景。

很年輕時就已有了不同的胸襟視野，這也造就後來大玉成為一個職場戰將，從二十多歲就擔任主管，在不同產業都能被賦予重任，開疆拓土，成就一次又一次的典範事蹟。

◈ 另一種挫折與傷痛

　　然而，雖然有些事可以透過經驗歷練，甚至年紀很輕的人，也可以鍛鍊出十八般武藝，但有些事就真的必須經過親自體會傷痛，才能練就內心另一種層次。最典型的，就是感情。關於愛、情、恨、怨，種種的心境體悟，就真的無法靠「努力學習」就能養成，就在大玉步入職場才第三年，上天就給了她另一次人生重大的考驗。這個功課帶來的情傷，但這卻是寶貴的人性學習課，也直接影響到大玉往後的生涯規劃。

　　從事新聞工作，讓大玉比一般社會新鮮人更早看到這世界不是那麼美好，但即便如此，關於愛情與婚姻這門功課，仍需另外體悟，沒有捷徑。

　　在台北跑新聞兩年，後來因為父親糖尿症狀住院，孝順的大玉，毅然辭去台北已經累積資歷的工作，回高雄邊照顧家人邊尋覓工作。以大玉優異的條件，很快地她就獲聘到TVBS南部採訪中心當記者，那是另一段壓力很大的日子，南部幅員廣大，記者並不細分誰跑甚麼線，所有新聞都要去跑，並且還需值班，每當輪值的夜晚，記者不可能安眠，一有火災或颱風等狀況，記者就必須立刻衝到事件第一線。

　　對大玉來說，她可以承擔工作壓力，並且她已越來越有韌性。但此時發生的狀況，不是工作，而是感情。

　　緣由身為媒體人，時常處在緊繃狀態，此時內心特別需要慰藉，也因為過往沒談過甚麼戀愛，沒修過愛情學分，大玉就因此在「對的時間，遇到錯誤的人」。所謂「對的時間」，就是那個時候，她的確需要伴侶，可惜，卻也因此少了足夠的時間了解，大玉愛上了一個事後證明完全錯誤的對

象。他們在雙方親友都不看好的情況下，以為真愛可以化解一切，最終卻成為大玉年輕時候最大的苦痛經歷。

大玉算是同班同學裡最早結婚的，這件事跌破大家眼鏡。但這段婚姻從最早雙方認識，到最終離異，前後卻只維持一年半。

以事後諸葛來看，大玉坦言，很多憾事在婚前都曾獲得長輩的警告，各種日後發生紛爭的狀況，婚前也都有蛛絲馬跡，只是熱戀的當事人選擇不聽不看。所謂當局者迷，這雖是感情方面的傷痛體悟，但其實也適用在生活的其他情況，那個過程充滿不愉快，最終帶來傷心的短暫婚姻，從某個角度來看，也影響了大玉以後待人處事的態度。

如果說，連離婚這樣的大事都碰過了，那在職場又何須怕甚麼大風大浪？人與人間本就有很多的媒合與挑戰，如果那代表上天安排的諸多考驗，那就勇敢去面對吧！也因此，原本個性還比較溫文有禮的大玉，再次北上後，個性變得更加堅強，她勇闖競爭最激烈的行銷領域，自此成為一個行銷戰將。

她的戰績，有許多直到今天都還可以成為行銷教學的範例。

◇ 經歷婚姻破滅，轉型成為行銷戰將

初次踏入行銷企劃領域，是結婚後，離開媒體圈，進入工作型態相對比較穩定的銀行界，那時候大玉加入的就是行銷企劃部門，負責推廣信用卡。初試啼聲，原本在大學時代就是社團活動高手的大玉，在這裡大展所長，也發現自己還真的挺喜歡行銷這一行。特別是，大玉逐步發現自己的一大專長，就是品牌行銷，只是當年她尚未有太多的實戰經驗，

等日後她北上台北，累積更多的品牌經營實務，後來她就成為品牌行銷的專業達人。

這短暫的婚姻，是大玉人生中一個很大的打擊，她雖然沒有眷戀不捨，但多少來說南部依然是傷心地，這也促使她再次北上台北。最初，她仍先參與跟自己所學相關的媒體產業，在雜誌集團一手包辦《哈佛商業評論中文版》的事務，這部分特別要說明的，直到今天，這都仍是一本重量級的管理刊物，而當年則是台灣中文版（HBR）的草創期，大玉是最早奠定這刊物各種作業標準的人，那時她不僅處理刊物的編務及發行，並且更舉辦論壇推動行銷方案，她就是創刊號的主管。也就是這樣從編輯、行銷、企畫到廣告等諸多面向的參與，她既需要面對廠商，也要面對訂戶，那段經歷讓大玉更緊密熟悉行銷的不同環節。

以此為基礎，後來大玉的人生履歷，全部都是主管職，一次比一次躍升，並且還不只是領導管控一個事業單位進程這樣的基本事務，經常的情況，大玉扮演著的是從零開始，開疆拓土、衝鋒陷陣的角色。前面少有其他範本可以依循，大玉自己必須創造一種讓後人遵循的典型。

此外，她的每一次職涯轉型，往往也契合著時代的脈動，也就是說，她加入的每個產業，都與當時的趨勢脈動有關。

離開雜誌社，第一個工作是臍帶血產業，以此為機緣，後續服務的不同產業，都是跟生技、醫療美容、養生保健有關，再以此為主軸，鏈接到流行時尚、網路行銷等領域。

當衝鋒陷陣時，原本行銷工作就會面對比較多的競爭挑戰，更何況大玉身處的是跟尖端科技或趨勢焦點相關應用領

域，身為專案負責人，她的壓力更是一般人難以想像的巨大。這時候，大玉就會感恩那段婚姻，雖然過程痛苦，但至少磨練了大玉可以「打落牙齒和血吞」的毅力，似乎再怎樣的難關，包括緊迫盯人的期限、客戶近乎刁難的要求，還有必須奔波溝通的辛勞，大玉都不以為意。

這也讓大玉更加深信，**人生每一次不如預期的轉折，每一次看似帶來打擊的挫折，當事人都不會只是白白受苦，而是背後有另一層深意，痛苦必帶來學習成長，而那些經驗就會協助打造更好的未來。**

一路從臍帶血、生技醫美，後來做到服飾，當時大玉接觸到她最喜歡的兩樣東西之一：單寧布。這是她事業的一大高峰，她真正的從無到有，引領新時尚牛仔風潮。那時結合世界流行風潮，及特殊材質牛仔布，由她自創的 AROO+ 服飾品牌，當初那種融合都會休閒風還有 Bling Bling 形式的設計，被說是太老，但終究演變成流行，成為一種都市輕奢休閒風，過往沒有設計相關培訓經驗的大玉，無師自通的，對時尚很有感覺，也正確的抓準都會品味，新產品大獲成功，也讓她頻頻被媒體專訪。造就她日後更上一層樓的機會。

◈ 是恩人，但不代表是對的人

說起職場的挑戰，以及職場的壓力，想要做出一番成績，沒有哪裡是輕鬆的。但即便各個企業都很操，依然還有更嚴厲壓力更大的環境。最典型的例子，就是電視購物。

由於過往在生技醫美、服飾業都做出了成績，也有品牌經營的實戰績效，一次機緣，讓大玉被挖角到當年台灣最大

的電視購物平台擔任高階主管（處級主管），即便已經身經百戰，對大玉來說，那裡還是她所見過最嚴苛的挑戰。

對每個同事來說，電視購物平台不是看「月」績，更不是挑戰甚麼這一季的成果，而是「每天」照三餐盯進度，這一檔表現不好可能立馬換製播團隊換商品。大玉擔任的是自營商品部處長掛經理職，像這種等級的高階主管，必須每天參與晨會，在總裁及眾家同事的面前，當場報告昨天業績多少？成長多少？為何業績不如預期？發生甚麼狀況？預計如何處理？

一個抗壓力不夠強的人，不論過往在甚麼公司擔任主管，來到這裡三天兩頭被釘，肯定受不了。電視購物產業的人才淘汰率，也就理所當然地非常高。

在這麼高壓的環境下，大玉不僅撐了過來，並且還幹得有聲有色，也因為她每次都能締造不錯業績，後來又被調任到行動商務部門。

如果沒有過往那些個「意外狀況」帶給她的磨練成長，她肯定無法撐過這段考驗。而一旦在電視購物台這種環境都能夠屹立不搖，那可以說，再沒有甚麼行銷戰場是大玉無法面對的了。

回首那段高壓時期，大玉也不禁要感謝一個人，一位帶給她人生不小影響的學長蕭先生。

這位蕭先生，可以說是既帶給大玉很大啟發卻也有負面的回憶的人，所以說，人與事都沒有絕對的好與壞。如果想成上天每一個安排都自有深意，這樣我們碰到挫折失意，就可以不再沉淪於自怨自哀，甚至自暴自棄。

蕭先生是大玉情場上遇到的第二個重要男性夥伴，由於有了前一次短暫的婚姻，大玉比較懂得與人相處必須懂得觀察。這位蕭先生是過往大玉在媒體產業的主管，是記者前輩，他有著敏銳的社會觸角，靠著豐富經驗，他看多了種種的人性黑暗，因此，對大玉來說，他扮演著難能可貴的軍師，每每大玉正一頭熱的衝業績或執行某個專案，這位蕭先生會以旁觀者清角度，冷靜的提醒他，某個客戶可能有問題，某個專案可能會碰到狀況，蕭先生也會提醒大玉有關辦公室的權力鬥爭，告訴她職場許多不可告人的面向。

基本上個性很單純善良的大玉，初始覺得這個蕭先生也太杞人憂天，或是質疑他怎麼老是對人對事那麼負面？但事後驗證，蕭先生所預警的那些狀況，種種的自私誣陷人性醜惡，還真的有七八成都應驗了。也因為有這樣的軍師，大玉雖然看似像隻天真小白兔，處在最艱險狡詐的猛獸叢林，卻也總是化危為安，在經歷不同企業行銷工作，都能一邊成長一邊做出成績，同時也沒讓奸人得逞。

但凡事有不同面向，這個思慮敏銳，同時又對大玉表現出寵愛呵護，展現男人愛女人的細心體貼，看似好男人的對象，本人卻有著極端的個性，其實大玉也已經可以理解，一個人可以對女人發展出強烈的愛，但另一個極端就是猛烈的情緒，這樣的人太過情緒化。也所幸這回有足夠的時間磨合，大玉沒有像之前那樣一下子就陷入婚姻陷阱，才能保得全身而退。

生命沒有絕對的對與錯，再次得到印證。

◈ 回到高雄再次成為行銷戰將

有時候，一個人有實力，但事業不能長久的原因，不在人的本身，而是種種的不可抗力。所謂非戰之罪，人才也須經歷命運考驗。

大玉的職涯一路走來，其實幾乎沒有斷層，都是一個接一個的挖角或躍升，而離開前一個崗位的背後原因，大部分都在於公司營運本身的問題，例如經營管理層齟齬，廠房遷廠等等。在電視購物台時代，大玉是高階主管，也是台灣行銷領域的重量級人物。但最終沒能繼續，因為 2008 年，大玉所服務的電視購物台發生重大事件，也登上媒體，後來電視購物體系被其他集團購併，大玉感嘆人情冷暖之際，也想到父母已經年老，她已經離鄉太遠。因此，順勢，她決定返鄉。

這回返鄉，就是長期定居高雄了，大玉知道自己的實力，也從不擔心職涯會有空窗期，果然，一回到南部，各方的邀約聘書紛至，大玉此時決定以家庭為第一考量，因此選工作，選擇都是離家近，可以照顧兩老的地方。她要讓自己不僅僅是行銷戰將，也要當一個時時為父母盡孝的人。

在高雄啟動的職涯歲月，已經是戰將級大玉，接任的都是高階主管職，這時候的她不僅是品牌經營達人，並且也已看透種種人情世故。她知曉這世間沒甚麼完美的，蕭先生的許多教誨，她也謹記在心，她知道不能單純以為人性本善，但也不需要害怕面對可能的職場鬥爭。就好比已經被打了預防針了，那麼就不須為了怕疫病就躲進深山。

在蕭先生給予的建言中，有一個比喻帶給大玉行事風格

很大的影響，從前的大玉充滿熱情，喜歡帶隊衝鋒陷陣，從零開拓一個品牌，身在前線，不去擔心後方補給。她過往歷練學習到的社會黑暗面，有個前輩曾舉過一個生動的譬喻，就好比我們吃雞腿飯，有人捨不得先吃雞腿，想說把美味留在最後一刻品嘗，殊不知人生難料，有可能中間一個不小心，雞腿掉到地上不能吃了，或者還沒吃完就被老闆叫去開會，雞腿一口都沒啃到。這例子雖然俗氣，但大玉謹記在心，她做事既瞻前也不忘顧後，不只創造業績，也不忘保護自己該有的利益。

此後在高雄她持續打造行銷界傳奇，包括在百貨集團擔任招商主管，引進國外香氛品牌設櫃；後來又到燕窩公司，開過三間旗艦店，因為業績太好，公司遷廠到燕巢，大玉不願跟著遷廠，之後去到知名啤酒飲料集團任品牌經理，因為老闆愛拍廣告，大玉這方面很有經驗，就協助老闆每年拍廣告，直到再次被挖角。

當時有一個生醫科技的總裁親自來邀約，聘請她來擔任集團底下一家公司的執行長。大玉就此轉換跑道。這是大玉職涯裡，第一次擔任單一企業的最高階經理人，但這卻也是她人生中第三個重大的「意外狀況」。

這次狀況打擊很大，若沒有過往培養的毅力，大玉可能就會一蹶不振。

◈ 人生碰到最大的意外打擊

「福兮禍所伏，禍兮福所倚」，大玉用自己的人生，深刻的體驗到這句古老智慧的深意。

受聘為生醫集團子公司的總經理，大玉爬到人生的一個高峰，甚至可以說是顛峰，畢竟，她當時已經算是一個企業的老闆了。並且一如往例，大玉把這家企業經營的虎虎生風，欣欣向榮。

大玉負責的這家企業，專攻保養品，結合玻尿酸的生醫應用，大玉再次從無到有，她自己親自和研發團隊溝通，認真經營規劃，創立自有品牌 FENTON，申請獨家專利。將產品結合集團的其他企業。當時集團底下有四家公司，其中一家就是研創 FENTON，經營生技保養品，當初希望首步設立旗艦店，結合相關企業一起行銷，透過直銷以及網路等通路，讓整個運營順暢，還未正式上市就已募得許多資金，也已經進軍電視購物銷售通路。未來一切看好。

但意外狀況就這樣發生。

彷如晴日裡瞬間突然烏雲蔽日打下暴雷。原本事業經營都很平順，幾家子公司高階主管也都仍談笑生風，討論著產品上市，以及假日要陪家人旅行的計畫。但的確當時大家有感應到奇怪的不安，因為當天是發薪日，並且廠商已經發了通告，包括已經在電視購物那邊包下時段要發表產品，但在那之前總裁幾天不見人影，直到下午，員工在等薪水，廠商也在催促怎麼還不匯款？正聚集在一起的幾個子公司高階主管，忽然不約而同的手機收到「叮」一聲，原來那個上月還大談夢想的集團總裁，竟然傳簡訊給所有高階主管，告知他因罹癌，要遠赴大陸休養，要大家好自為之云云。而總裁已經把相關子公司銀行帳戶清空，人也已經遠在海外。

這晴天霹靂帶來的不僅僅是當天的一片慌亂，更是往後幾年的惡夢。因為總裁跑路了，留下的爛攤子，上百投資人的心血，諸多和廠商間的交易款項、還有種種商務合約及業務承諾。最終須由這些留下來的主管處理。職位越高，壓力越大，明明自己只是集團子公司，並不直接和總裁的債務有相關，但受害者們是不理性的，大頭跑了，就找位階第二高的，從此大玉了無寧日。不但生計無著，連生活也不能安定，她被牽連進兩個官司，每個官司都耗時費日，當然後來沒告成，因為大玉只是專業經理人，無須為背信負責，但每一個訴訟偵查都是折磨人的過程，中間種種的人格傷害，甚至人身威脅，讓大玉疲於奔命，這樣的她也因此無法去任何集團上班，就算有國際頂尖的機構招聘她當主管，三天兩頭跑法院的她，也無法赴命。

這是她至今以來所面人生對大的考驗。

那麼的痛苦，乃至於有時候大玉也會問上天，請問這回人生的意外轉折，是要告訴我甚麼嗎？是要給我怎樣的成長？

◈ 讓我們一起喝咖啡

不想離開能夠照顧父母的南部老家，但仍要為生活安排出一條路，命運這回帶給大玉甚麼啟示呢？

大玉靈光一閃，她知道了，過往年復一年為他人作嫁，這回，她就自己當自己的老闆吧！她決定創業。

若上帝為你關上一道門，一定也會同時為你開啟一扇窗。

大玉走上創業之路，回歸到她的人生最愛之一，她從小到大就喜歡咖啡，也精通有關咖啡從產地到沖泡的種種。於

不怕意外挑戰與磨難，上天自有深意。

是投入了這許多年來工作儲蓄的有限資金，她從源頭咖啡豆開始，發揮她在職場最擅長的「品牌開發」專長，從此這世間多了一個用心的咖啡品牌。

這就是「大人の童話咖啡」誕生的故事。一個回歸初心的故事。

「大人的童話」，背後是大玉一路走來經歷的坎坷與成長。由於大玉本身有一隻心愛的波斯貓，在過往十多年大玉的職涯奮鬥歲月，這貓伴隨著她，許多個迎接挑戰的日子，直到大玉遭逢重大的公司倒閉事件，決心創業突破的這一年，貓咪也走完他十七年的生命，告別世界。一方面感嘆人生無常，一方面也為了紀念這隻貓咪，大玉就以她的貓為形象，請人設計了品牌的 LOGO。

「大人の童話咖啡」也稱做〔喵珈琲〕，是一個「因為很愛咖」以喵為名的故事，大玉說她很愛喝咖啡、很愛看世緋（世界的種種飾是緋非）、很愛她的喵。而今，她的「喵」來了，「喵」又走了，美好時光燦爛如新。有著蘇東坡那首詩：「回首向來蕭瑟處，歸去也無風雨也無晴」的意境。

一起來喝咖啡吧！相信你的人生一路走來也有很多體悟。

無論過往走過甚麼風雨，是否每一次磨難背後，都會有新的境界呢？

大玉相信正向正念會傳染！和快樂的人同行，嘴角不自覺揚起微笑，和進取的人同行，行動就不太可能落後。

她邀請愛咖啡的人們一起來品味好咖啡，就好像品味自己的人生。

學最好的別人，做最好的自己。

一起喝咖啡，一起就很好。

facebook

Line @

官網

思維探討：你是否經困惑著人生的意義為何，好奇人生為何那麼多挑戰。

築夢銘言：我們來到這世上，都有任務及功課要學習，抱著這樣思維，人生就豁然開朗。

尋尋覓覓我們的靈魂藍圖，人生不再害怕傷痛。

楊鎧蔚

我從哪裡來？將往何處去？到底人生來此一遭有甚麼意義？財富賺了花了可能一切成空、肉身會老會病到頭來終歸塵土。勞碌一生、挫折苦難、哭過也委屈過，人生就是來受試煉的嗎？

Karen（鎧蔚），不只有著苦女阿信般的成長辛酸，最後甚至發現，原來身分的認同也出了問題，年近中年時候，才赫然發現被稱為爸媽的不是親生父母。她曾迷惘、曾經放掉所有的職涯成就漂泊海外，尋尋覓覓，最後才發現，原來答案就在自己身上。

◆ 原來，我連親生父母是誰都不知道

大約在 2010 年，已在知名金融集團服務滿十年、業績和年薪也頗為可觀的 Karen，為了追尋人生方向，毅然決然離職。從小她就一直困擾著生命有種空虛及找不方向的焦慮，為此，她當時也試著想改名求轉運，由於必須提供誕生時辰資訊給命理師，她必須去確認相關資料。沒想到，因此讓她聽到一個晴天霹靂般的消息：活了這幾十年，她剛剛才知道，原來自己是養女。

那天其實 Karen 只是打電話給外婆，想問有關生辰的事。當時已經九十高齡的外婆，依然耳聰目明，記得所有子孫的「個資」。沒想到陰錯陽差的，那通電話是表妹接的，由於 Karen 平日並不會主動聯絡外婆，表妹第一直覺「該來的總是要面對」，以為 Karen「發現了」，表妹於是「語重心長」的開導 Karen：「妳也不要生妳爸媽的氣，畢竟，他們小時候也都很疼妳……」

一聽到自己不是爸媽親生的消息，Karen 當下腦子一片空白，也不知道是怎樣結束那通電話的。這是玩笑嗎？這是一場夢嗎？她立刻衝回家。彼時念大學的弟弟剛從學校回來，看到姐姐表情嚴肅，一問，原來她終於發現自己是養女的事實。弟弟竟然一副不需要大驚小怪的樣子，因為這件事早已全家族都知道，只有 Karen 本人被蒙在鼓裡，直到父母都過世了，她也以長女身分擔任一家之主多年，到今天才無意間知道。

弟弟反問 Karen：「是不是親生，這有很重要嗎？反正我們都是一家人」

是啊！這有很重要嗎？那人生甚麼是重要的呢？大家都

是因緣際會，來地球過場的嗎？

望著原本個性就比較隨興的弟弟，那有些輕描淡寫的表情。原本就對人生充滿困惑的 Karen，只有更加茫然無助的感受。

後來，Karen 秉持著一貫嚴肅認知的態度，就是想追根究柢，找尋自己身世，她設法去戶政事務所調資料，還找到當年開立出生證明的醫院，但終歸那是電子化尚未普及的年代，追著追著，線索就斷了。只從外婆那大約知悉本家姓黃，此外就沒其他可追溯的資訊了。

如果連自己身分認同都碰到問題，無怪乎她這一生總感到空茫無助。

然而，是這樣嗎？人生永遠找不到答案了嗎？

Karen 絕不放棄追尋。

◈ 一個失去關愛的少女

生長在基隆，自有印象以來，Karen 就成長在一個園藝家庭。說是園藝，其實並非富豪莊園那種園藝，而是一般都會小市民家中妝點用的盆栽，Karen 的父母，就靠經營盆栽小生意維生。他們沒有自己的店，基本上就是開著小貨車，哪裡有人潮哪裡擺，經常過著被警察開單的日子，假日時候就去夜市擺攤，收入並不豐厚。

爸媽對 Karen 也算照顧，但老一輩人的心態，還是重男輕女，原本身為獨身女的 Karen，在她九歲那年，家中迎來小弟弟後，生活就變調了。父母關懷的天平整個偏向弟弟，一直到他們過世。這原本是很多家庭的常態，新生寶寶常會搶走對原本較大孩子的關懷目光，但 Karen 感受更為深刻，她當時

不知道原來自己是養女，只知道，她從那時候開始，就失去了「被愛」的感覺。

　　長大後，Karen 終於了解，「愛」是她的人生課題。但成長時期，她只知道，家人對她越來越冷淡。弟弟有甚麼需要，家人立刻盡力去滿足，Karen 說的話，卻很少被傾聽，弟弟一路念書都盡量念最貴的私立學校，但 Karen 自己想念書卻必須和父母求情，因為爸媽總覺得女孩子書讀那麼多幹嘛？還不如早點入社會工作。

　　而另一個狀況，也讓 Karen 在家地位雪上加霜。那就是碰到她成長叛逆期，她的表現似乎更印證著，她不值得被栽培。其實從小學時候，Karen 就被發現在美術方面很有天分，是個畫家才女，到了中學，也得到全校美術獎，畢業時領取美育最高榮耀，只因在學校碰到霸凌，父母又不提供關愛保護，導致她不斷逃避，最終，竟然也成為不良少女一族，曾經在警局被拘留，被通知由家長帶回。

　　說起來，這是每個人成長時期都難免碰到的，每個學校總有些被稱為「太妹」的人物，不小心招惹到了，就好比 Karen 當時只是無意間瞄到大姊頭一眼，於是整個中學三年就淪入霸凌地獄，加上師長父母也不伸出援手，導致後來她甚至連基隆都不敢待。乃至於，原本身為美術高材生的她，基隆在地學校都搶著讓她免試入學並且還提供獎學金，但 Karen 一心只想逃離基隆。

　　然而，逃得開基隆，躲不過命運。不久後，Karen 就迎來一生中最悲慘的階段。

◆ 橫逆接踵而來

　　如今回想起來，Karen 說，她真的不知道，當時一個十幾歲的女孩，如何一肩扛起那麼龐大的負擔：父母同一年間陸續離世，在離世前都背負龐大的醫療費、弟弟在私校念書需要昂貴學費、她自己要半工半讀念書，每月工資只有 15000 元卻要負擔全家所有開銷……

　　那年 Karen 離開基隆，考上稻江夜間部，開始白天打工夜晚念書的生活模式，後來誤交損友，變成翹課跑舞廳的叛逆小孩，也導致稻江學業休學。但之後經過學習努力，也考上了高中，再之後也在補習後考取二專，去崇佑企專念夜間部。這些年間，Karen 一直半工半讀，協助家計。因為家中的最大支柱，她的父親，在她高中時期，中風病倒了，此後一直沒能復原，病況一次比一次嚴重，直到最後往生。

　　媽媽原本是家管為主，盆栽生意為輔，一時間為了爸爸龐大醫療費，連開車都不太會的她，必須接手盆栽生意。正念小學的弟弟，也斷絕私校夢，改念公立學校（但中學後，還是念私立）。至於 Karen，她的處境就更加艱難，差點無法繼續升學，靠著強大的意志力，她終於考上二專並到崇佑企專就學，只是原本想唸的是設計相關科系，那時限於名額，只得念原本沒興趣的銀保科。這也造就後來 Karen 從事金融工作之路。所以人生事難預料，Karen 認為上天每個安排，都有其背後的「學習」意義。

　　如果說人生就是一場學習，那麼，Karen 的考驗終於來了。

　　爸爸中風，家中經濟陷入困境。Karen 平日晚上和假日

從來沒能休息，都得兼差，包括去 KTV 等場所打工，環境再糟為了賺錢，甚麼事都須忍耐。偏偏她那時運氣也非常不好，打工的地方，三不五時碰到老闆跑路、公司倒閉領不到薪水，害她做白工的衰事，媽媽也怨嘆的說，妳啊！怎麼一年到頭都在換工作。Karen 對此也感到很無奈。直到快畢業前，因著銀保本科，她透過同學介紹有機會去當時的泛亞銀行當工讀生，收入才比較穩定，但其實也只是月入一萬五千元。

畢業後原想留在泛亞銀行，後來透過業務部主管引薦去到了聯邦票券。不幸爸爸那時二度中風，同一年，媽媽被檢驗得到乳癌，並且已是末期。甚至沒時間傷心，Karen 被迫要到處奔忙，去醫院看媽媽，當時已被送去療養院的爸爸也三天兩頭出狀況，疲於奔命及籌錢，最終工作也無法做下去，Karen 不得不離職。而橫在面前的是爸媽皆重病，弟弟還在念高一，二十歲的她，必須扛下家計的重任。

◈ **無法面對生死別離**

該來的逃不掉，這也是 Karen 人生中一大障礙挑戰：那就是如何面對生與死。

媽媽當時癌末已被診斷只剩六個月可活，即便如此，昂貴的化療仍得做。無法在銀行上班的 Karen，抓空甚麼差事都肯接，便利超商打零工，批貨去擺路邊攤都做過。即便已經如阿信般，做牛做馬籌錢照顧家人，但經常仍得不到家族諒解。

有一回，當時還沒離開銀行，Karen 是在總務部服務，年終尾牙備辦禮品也是她的工作。那天她在醫院照顧重病的媽媽，忽然接到電話，公司要拿尾牙禮品，但鑰匙在 Karen 那，

但媽媽床榻旁只有 Karen 一個家屬。怎麼辦？為此，Karen 只有拜託臨床的伯伯代為照顧。

匆匆從林口長庚趕回台北市東區，處理完公司事務再趕回醫院，到的時候，只見外婆及舅媽等人都在那，一看到 Karen 劈頭就罵得她狗血淋頭，把她講得像是十惡不赦的不孝女，Karen 有苦說不出，身心俱疲，一方面覺得很委屈，一方面看到媽媽病危又難免有罪惡感。她痛苦不堪，卻必須忍受。

再苦，她可以承受，但她幾乎無法承受的還是家人過世的打擊。那時，媽媽已經明顯的氣若游絲，台灣人習俗，送終要在自家，於是緊急救護車送回老家，躺著等待，家族中大部分人也都趕來家裡，媽媽彌留時候，趁還清醒，一一和大家交辦後事，最後她說了一句話：「小玲（Karen 小名）其實很孝順，大家不要誤會她」。當下 Karen 不禁大哭失聲，把積累這許多個月的委屈一次宣洩，而媽媽也在此時告別人間。直到她離世都沒告訴 Karen 出生真相，她還是把 Karen 當成親生女兒。

媽媽喪禮還在進行中，另一個困局仍在繼續著，療養院三不五時來電，說爸爸又發生甚麼狀況了，要來處理。

對 Karen 來說，她已經來到神經最緊繃的底線。她不怕辛勞，也願意承擔經濟壓力，但她再也不能承受生離死別。她永遠無法忘記，眼看媽媽在她面前，前一分鐘還有呼吸，下一秒就生命消逝，永遠的離開。她再也受不了這樣的事。但命運不饒人，媽媽離世後，爸爸過沒多久也往生了。原本爸爸就很依賴媽媽，即便後來除了中風還得了巴金森氏症，常常不能認人，最終爸爸回來看到媽媽那因為癌症瘦到

只剩二三十公斤的遺體，初始不知道那是媽媽，後來一念清明，爸爸突然醒了，大聲苦喊著媽媽的名字，哭到柔腸寸斷。Karen 聽了也哭到不能自己。

這一次的打擊，爸爸病況急遽惡化，回療養院後不吃不喝，之後變得半生不遂，Karen 繼續邊打工邊跑療養院，眼看情況越來越糟，連導尿管都是血，爸爸後來被送去醫院時已經像植物人般不能動。離世那天，Karen 本來在打工，她緊急接到幾十幾通電話，但 Karen 已經潰堤完全不想面對，她再也無法承受有親人離開，抗拒著、抗拒著……直到最後接到看護阿姨電話，通知爸爸已經離世。

Karen 整個崩潰大哭。這一生她不知道該怎麼走下去。

◈ 人生無法解答的種種

經歷過了長長的一段煎熬，甚至 Karen 自己都不知道怎麼熬過來的，總之，終於撐到弟弟大學畢業，可以自力更生。彼時 Karen 也在知名金融集團站穩腳步，秉持著認真踏實工作態度的她，業績頂尖，年收入也早已破百萬。

即便如此，幾十年來，Karen 內心仍然只有空虛與悲傷。

她永遠無法忘記，爸爸離世，她奔去太平間，看到他死不瞑目般眼睛睜大大的，似乎有甚麼放不下，Karen 答應爸會好好照顧弟弟，爸眼睛仍未閉上，後來 Karen 跟他說，請放心，弟弟還在上課，一下課就會來看你，說來神奇，那一瞬間，爸爸真的安心似的閉上眼。過往 Karen 沒有特別的宗教信仰，但她真的見識了生死間那種無法解釋的現象。

無論如何，Karen 答應家人要好好照顧弟弟，她嚴肅的告

訴弟弟，她再也無法承受失去任何一個親人，她要弟弟任何時刻都要保護好自己，絕不要再讓她這做姊姊的擔心。為了弟弟，她就算犧牲青春歲月不成家，都無怨無悔。

只是當年無法看爸爸最後一面，仍成為 Karen 內心永遠的痛，她無法原諒自己，為何那麼脆弱？曾經她每想到這件事就哭。直到現在，她已經不再哭泣了。那是因為她在長期尋覓過程中，終於逐漸找到一切答案終究要回歸自身。

曾經很長一段時間，她無法面對自己的罪惡感和空虛感。從少女時代一直走到中年，就算白天職場上，她是個業績和外表都亮眼的成功職場女性，內心她有塊沒有人治癒得了的創傷。

Karen 總是自問，為什麼我來到這世上，得面對這樣的磨難？特別是在了解自己並非父母親生後，她更加困惑著，為何我會被安排成為楊家的女兒？答案到底是甚麼？

想想也好笑。小時候爸媽罵她，特別是在她中學叛逆期時，爸媽罵她罵到都說出「隨便妳啦！反正妳又不是我親生的。」她完全不會在意，因為理所當然地「知道」這只是一句氣話，畢竟，為人子女者，這是人生在世的基本定位。一個人可能失業離婚或被朋友疏遠，但再怎樣，一個人永遠有一個基本身分，那就是她是屬於某某人的子女。

結果那個氣話，最終竟然是真的。這是繼 Karen 無法親自看爸爸臨終前一眼後，另一件讓她終身傷痛的事。總歸起來，就是 Karen 發現她已經失去「自我」了：她不知道她是誰的女兒、她不知道在這家公司服務的意義、她不知道存在這世上

還有誰重視她？她完全不曉得她為什麼要來到這個人間。

有時候午夜惡夢醒來，她望著黑暗的空間，第一時間擔心弟弟是不是出事了？接著就茫然地望著四周。現實與夢，都一樣茫然沒有一個生存的答案。

往往就這樣發呆著，等到天明。就算看著陽光照進室內，她也感覺不到光明何在？

這樣的悲傷失落，直到 2019 年才終於有了一線曙光。

◇ 亮麗的銀行理專，依然空虛的內心世界

弟弟大學畢業後，Karen 終於可以專注在職場上。她也用實力證明她的優秀，二十幾歲就進入台灣最頂尖的金融集團服務，然後一待就是十年。這十年裡，工作上，她的考績年年優異，私底下她還是那個困惑傷心的女孩。

滿十年，是一個關卡，Karen 告訴自己，不能再這樣得過且過下去，總要設法去為人生找到答案。那一段時間，她試著放空，甚至讓自己去嘗試民間不同的行業，但終究發現，自己出身銀保科，過往資歷也是金融無法套用在其他行業，況且當時她也已坐三望四年紀，難以用新人身分深耕其他行業，而不論如何轉行，也依然無法探究到生命的意義。三年後，金融公司的主管跟她喊話，回來吧！迷途的羔羊，這裡需要妳。所以，Karen 後來又重回金融集團做她擅長的工作。

但終究問題還是沒解決，她還是天天處在迷惑裡。她時常問一些問題，同事也不知道怎麼回答？她說我不知道我是誰？同事說，妳是 Karen 啊！這不是她要的答案，也不知道怎麼跟大家解釋。

時光匆匆又過了五年，Karen 看看自己，在銀行有深厚資歷，然後呢？她還是困惑著人生意義何在？生命不該以金錢衡量，更不是以甚麼績效來衡量，生命應該是有使命的，不是嗎？眼看時光虛度，她想趁著尚年輕出去走走，於是她再次離職，並且遠赴海外學習，闖蕩美國等國家，直到 2019 年回國，她也暫時不投入工作，都在上課學習。上了身心靈的課，上了很多名師的課，也在這個階段認識生命中的貴人林裕峯，給她很多啟發。雖然依然對生命迷惑，但至少人生多了不同的可能，可是她也確實知道，即便這世界如此寬廣，但一個人想追求生命的答案，就算去到天涯海角，答案也不會在那。

答案在哪呢？也許，命運自會引導她相遇。

2019 年，她的一位朋友，無意間聊到她的姐姐會解「靈魂藍圖」。甚麼是靈魂藍圖？Karen 當時自然沒有概念，但卻直覺到，這回她終於找到生命的關鍵了。為什麼這樣說呢？其實，Karen 本身，雖說沒有靈異體質，但她自認從小，就有很強的第六感，那種感覺超乎科學，無以名之，但總之，她就是可以感知到，與人交談時對方內心是善意還是別有企圖，當有大狀況發生時，她也事先有感覺。這一生，除了她對自己出生這件事後知後覺外，她其實是非常敏感的人。包括當年父親即將過世，她早有感應，但害怕去面對。在職場上，她也因為懂得體察人心，能夠做出得體的應對，這也讓她在推廣金融商品時，可以做出很好成績。

如今，她又「感覺」到，生命中一個重要契機。她立刻央求她那位朋友，可不可以介紹姐姐給她認識？她是真心想

要認識自己的靈魂，如果說「靈魂藍圖」可以探知一個人的生命使命，那這不正就是 Karen 幾十年來尋尋覓覓不得解的生命之謎所在嗎？

◇ **認識靈魂藍圖**

就這樣，Karen 接觸到「靈魂藍圖」領域。並且，真的有豁然開朗的感覺。就好像長久以來在地底洞穴裡行住坐臥，幾十年不見天日，有一天突然找到出口，可以走到陽光下的感覺。

當然，那不是聽過導師一番話就可以得到的體悟，中間過程，包括很專業的冥想、記憶回溯以及跟高我接觸的心靈互動。最終，Karen 自己也全心信服，並且投入更高階的學習，她也投入研究，經過考核驗證，如今，她也是擁有國際證照的「靈魂藍圖諮詢導師」。

到底靈魂藍圖是甚麼呢？為何可以幫我們找到人生定位？

原來我們每個人來到世間，「當初」的確是負有使命的。其實，人類生命只是諸多生命中的一種形式，包括時空的定義，也是侷限四維空間下的思維。在此，為了方便說明，還是以傳統時間的概念來解說。

每個人一生的「0」點，就是從媽媽肚子裡哇哇落地來到人間那刻，若再往前推，就是卵子與精子結合，一個小生命在媽媽體內誕生那刻。再往前推呢？這就屬於超科學的領域，不同宗教有不同的解釋。但「靈魂藍圖」告訴我們，人的生命不斷流轉，都是宇宙的一份子，生的目的，就是為了不斷

提升，怎樣提升呢？就是藉由每一世累積智慧，也就是每一次的轉生，都是來學習至少一門功課。

這些功課的制定，並不是靈魂在天上時隨興決定的，而是經過守護靈以及諸多重要的靈魂團隊，共同「開會」決定的。可以想像這樣的畫面，好比看電影，例如007電影，也會有個會議，可能中情局老大以及一些軍中高階長官齊聚，交派給007一個任務，好比說要去伊朗盜取一個密碼、去蘇聯阻止一個核彈爆發等等。現在，假想自己就是那個007，至於要去的地方，不是伊朗不是蘇聯，而正就是「我們這個人間」。如此，讀者大概就知道「靈魂藍圖」的背景，而探索靈魂藍圖，簡單講，就是去了解「當初」被派來人世的那個會議，所交代給我們的「任務」。

也許有人要問，既然是任務，為何讓我們「忘記」呢？那是因為所謂答案的追尋，是要靠體悟的。就好比我們看電影，如果事先知道劇情，那就沒意思了，看到男女主角因真愛擁抱，也沒有感覺。或者就好像參加考試，事先告知考生答案，那考生就不會用心解題，少了用心，只知道答案卻不知道解法，那就失去意義。

同樣的，我們追尋靈魂藍圖，其實也不是公布最終解答，因為那樣人生就失去意義。但卻可以指引一個方向，特別是針對已經覺得茫然無助的人，如果再不幫助，她都要自暴自棄的狀況，透過「靈魂藍圖」可以帶來指引，真正幫助一個人。

Karen，當初就是接觸靈魂藍圖，才終於走出困惑幽谷。

◇ 找出生命的方向

自從接觸靈魂藍圖後，Karen 如今已經找到人生定位，她確實知道，她這一生來學習的課題，就是兩件事：她要來感受「愛」以及「信任」。

也因此，她被用一種特別的形式出現人間，她要由非親生父母撫養，體驗的是非傳統家庭式的愛。然後經歷過的打擊，讓她可以去感受「缺乏愛」，以及在面對親人生離死別時，那種「失去愛」的痛苦，同時，她接受種種考驗，也是要她試著去發揮大愛，她只要一日不懂得愛，那麼她就會一日處在不知道「人生意義在哪」的困惑中。

Karen 豁然開朗了，她回首過往的一切種種，終於都有了印證。那年她面對爸爸的離世，不願意接受，也不敢去看最後一面，那時的傷痛，困在心中將近二十年，至此，也得到釋放。她知道她是愛她爸媽的，爸媽也是真心愛她的。爸媽如此愛她，乃至於就算離開人間也不要讓她知道她是被領養的。她如此愛爸媽，愛到心痛，愛到捨不得放不下。

一切都釋然了。

那天，她彷彿看到爸媽的靈魂在天上和她揮手，「放下吧！傻女孩。人間有愛，我們都愛妳，妳也要愛妳自己。」

那天起，Karen 終於下定決心要愛自己。

她也經歷很多神奇的事。舉一個大家聽到都覺不可思議的例子。Karen 原本也算是個菸槍，她長年以來因為壓力，幾十年來總是菸不離手，每天上午去便利商店買菸，已經是「例行公事」。2019 年十二月，Karen 有天在入睡前，用很虔敬

的心，對著宇宙說，我受夠了，我真的想改變，請真正讓我知道，我接下來人生該往哪裡走。她是如此虔誠，幾乎整個人融入忘我境界，後來不知不覺睡著了。

第二天醒來，她其實也忘了昨天的事。她一如往常，二十年如一日地，走出家門，去固定的早餐店買早餐，然後走去便利商店買飲料，準備帶去公司。也不覺有甚麼異樣，直到第五天，她猛然想起，不對啊！我平常每天不是都會在便利商店買一包菸嗎？怎麼都「忘記」這件事呢？

但這件事真的發生了，沒經過甚麼戒菸療程，也沒刻意去做甚麼自我克制，就是那麼神奇，身為超過二十年的老菸槍，Karen 就從 2019 年十二月開始，自然而然戒菸了。她不需要忍耐，她根本就不覺自己有想抽菸的需求。過往她總是藉由抽菸排解煩憂，現在她不需要了，她要透過和「高我」溝通，找生命答案。

而今，Karen 藉由多元化學習，一方面她仍繼續在金融界服務，只不過心態已經改變的她，如今更能以同理心服務客人，她因為更加感知「愛」的重要，也因此讓她的服務結合專業，更有溫度。一方面她持續學習，也願意將她在「靈魂藍圖」著專業做分享。

她發現人生很重要的道理：

表面上的學習，不一定是真正的學習。表面上的愛，也不是真正的愛。

就好比，有些宗教虔誠的信眾，雖然每日固定念經做早課，但待人接物時卻口出惡言，那樣算是修行嗎？嘴巴上的

修行，和真正的修行是兩件事。

也好比，很多人勤於上課，花大錢報名這報名那的，但到底最終只是要為自己取得某某「結業證書」，還是真的學到那門學問？這也只有問當事人才知道。

生命中許多的事，包括平常遭遇到的婚姻上的、職場上的、或人際關係上的種種的挫折困擾，表面上是碰到倒楣不順的事，背後，其實可能就是上天給予的一門功課。

Karen 特別要請讀者關心的，是關於恐懼與擔憂。如同 Karen 從小就擔憂疑惑生命的意義，也因為爸爸過世的事心中有傷痕。每個人在過往人生中，一定也有不同的恐懼擔憂。例如有人很怕黑，有人很怕某種昆蟲，有人對自己沒自信，有人總給自己某種限制，以為自己不能這樣不能那樣。

這些背後，其實都有深意。

是否，我們願意開始面對「自己」，不再逃避，認真尋求一生的答案呢？

曾經與傷痛為伍的 Karen，在靈魂藍圖中找到答案，也歡迎讀者們，可以嘗試在這領域找出生命的方向。

facebook

KAREN.MIRROROFMIND

Part 4

家庭價值篇

築夢者心法

思維探討：人生自我成長路上，跟家人的關係如何成長？

築夢銘言：與愛的人相處，對與錯，不一定那麼重要，將來會不會後悔，這比較重要。

那些年，父母帶給我的生命功課。

陳毓群

如果我會離開，那麼，離開只會讓我更加想要靠近妳。

如果我沒說話，那麼，心中想說的千言萬語滿盈天地。

每一天，我們每一個人，都在得到或失去些甚麼。有時候，得到的和失去的似乎不成正比，有時候，原以為沒有得到的，後來想想，才知道原來我早就收穫滿滿。

這些年，我發現人生最大的功課，就是愛的功課。有了愛，世間的一切原來都只是關於愛的註解。

◈ 1+1 等於 2 嗎？

　　從小，毓群是個學習遲緩的孩子，被學校老師視為問題兒童，他有閱讀障礙、理解障礙、記憶障礙。

　　那時候，媽媽來學校帶毓群回家。她不會為兒子貼標籤，也絕不會怨嘆自己怎麼有這樣的小孩。她只是設法用她知道的方法，讓兒子可以繼續學習成長。

　　過了幾年，毓群在學業上已經做了突破，從一個被老師懷疑學習有障礙的兒童，變成學校資優生，升學路上，一路過關斬將，還考上了國立大學，後來也考上了國立大學研究所。包括各類國家考試及資格取得，毓群都如探囊取物，考試無往不利。毓群自以為已經在學習路上，突破困境，不再有任何學習障礙。

　　直到許多年後，他才了解，還有一道障礙，要等到出社會年紀老大不小才有體悟，那道學習障礙，就是愛的學習。

　　毓群總是感恩他的父母，一路無怨無悔的陪伴。

　　他的故事，先從童年說起。

　　想像一個畫面，老師正照本宣科的在台上教授著：1+1=2。這應該沒甚麼問題吧！沒想到，此時一個小朋友困惑的舉手，老師，為什麼 1+1=2？

　　如果你是老師，你會怎麼想？這是有人找碴嗎？小小年紀就想在課堂上搗蛋？

　　不對，這孩子看起來不像是屬於頑劣型的，甚至，其實看起來有點鈍鈍的……於是腦中警戒紅燈響起，難道這孩子是有學習問題？如果這樣，趕快通知家長，不要影響其他學

生上課。

是的，1+1 為什麼等於 2。這問題有甚麼好問的？而毓群就是那個會問這類問題的人。

某個角度來說，現在的毓群，即使年過三十，依然是那個愛問「為什麼」的人，小時候這帶給他在校學習的困擾，長大後，這也依然有時會帶給他人際關係上的某些誤解。

毓群的個性有時就是這麼倔強執拗，人家都說 1+1=2，但他就偏不信，總會嘗試去走其他條路，看看會不會結果不一樣。

這裡我們也來問問讀者，1+1=2 對嗎？這其實也不是腦筋急轉彎，而是真正的多元思維。人生的確很多事 1+1 並不等於 2，以前在校念書，到了中學學習理化，就已經知道，以化學來說，一杯水加一杯水，還是一杯水，不同元素因為氧化作用或電子數不同，也會有 1+1 不等於 2 的情事。年紀更大些，知道更多，好比兩人在一起，結果可能變成三人（生個小寶寶），也可能又變回兩個人，只是由原本快樂的兩個人變成不快樂的兩個人。或者兩個企業結盟，其結果也有多樣可能，不一定是加乘效應。

介紹那麼多，總之，毓群從小就是個怪怪的小孩。他不是故意找老師麻煩，他真的就是搞不懂為何 1+1 一定要等於 2，那是因為老師要學生記起來，卻沒有溝通背後的原理，於是孩子的學習真的就「卡」住了。

某個角度來說，毓群也是不懂變通的人，所以卡住了，就變成學習障礙。

◈ 從學習遲鈍到發展出記憶學

毓群的母親對他影響很大。她不會畫個框框把毓群框住，她只知道，兒子碰到問題了，那麼，身為母親，她就去想方法幫助兒子。

母親本身學歷不高，學校老師教不會毓群的，她無法回家後幫助他學習。但她透過其他方法，最簡單的，母親自己不會但她可以找會的人來幫啊！所以毓群家境雖不富裕，但母親從小，就很捨得為他的學習花錢，找很多兒童讀物或老師幫他學習。

而今毓群已經知道，很多事是一環扣一環的，例如為什麼一個人數學考不好？表面上是對數學沒興趣，但還有一種可能，就是他根本看不懂題目。以毓群為例，他小時候有閱讀障礙，那是因為內心的固執，讓他有時候太拘泥於文字，於是一個關節卡住，整篇文章都卡住。如果說，要考數學，卻連數學題目都看不懂，那當然考試考不好，但不代表對數學沒興趣。事實上，後來毓群從學生時代數學小老師，進而成為理工科高材生，研究所也是研習工科，入社會後成為社會菁英份子。

毓群小時候，母親也不懂這些環節，但她知道既然兒子有閱讀障礙，那有甚麼方法可以克服呢？不需要請教海外專家，也不需要心理醫師諮商。母親認為，有閱讀障礙，那麼，凡事勤能補拙，反正就是多讀點書就好。

所以從小，母親就鼓勵毓群多閱讀。

為了讓毓群多練習，還把他送去親戚開的作文補習班，

除了練習寫作文，老師還要回家前背誦一首唐詩三百首，就這樣不知不覺哪一天就豁然開朗了。如同前面說過，很多事是一環扣一環的，原本因為閱讀障礙，接著就帶來各學科的學習障礙，連帶影響的還有表達障礙，也就是說話不清晰，再影響到的，就是自信心，一個人學習緩慢，會被老師及同學嘲笑，那自然讓小時候的毓群有些自卑。所以每件事都是相通的。

　　但這樣的毓群，長時間被母親所鼓舞著，她總認為「大器晚成」，許多歷史名人還不是小時駑鈍長大卻不同凡響？她深信兒子也是「慢熟」型的人。

　　母親對毓群的影響真的很大，她從頭到尾，一直相信自己的孩子，這種無條件的相信，結合她總是無私無我的付出，讓毓群在那段駑鈍的摸索歲月，不論再苦，也不會感到孤單，母親的愛就像個溫暖的港灣，孩子則像一艘經常因為主人不擅使舵，而在海裡亂飄的孤舟，即便如此，也總能有個無風無浪的安穩靠山。

　　靠著勤能補拙，毓群從閱讀圖文多好吸收的民間故事，以及給兒童看的小百科開始，逐步的培養對文字的興趣和敏感度。也就在那時候，他不但打通腦袋裡原本糾結卡關的地方，甚至還無師自通發展出更快的學習法。

　　那時小朋友為了作文課回家前背誦一首唐詩宋詞，尚不懂詩詞意境的少年，要背詩其實不容易。特別像毓群這種連正常文章都讀得比別人慢的小孩，要背誦更不太可能。但勤於閱讀的他，讀著讀著，化不可能為可能，竟然懂得透過平常看書腦中抓取的插圖，建立一定程度的想像力，然後將每

首詩結合一些想像的圖畫，自創一種記憶法。從五言絕句、七言絕句，乃至於到《將進酒》那類的長詩，他後來都可以做到快速記憶。

如今回想起來，毓群小時候，尚未流行甚麼某某大師記憶法，但他學生時代自創的記憶法，和當今很多知名記憶學對照，竟然很多原理是一樣的，原來毓群少年時代，就已經發明記憶學了。

◈ 學習需要耐心及抓住背後原理

萬事萬物背後都有原理，只要懂得原理，一理通，樣樣通。其實，很多學問都是如此，毓群認為，所謂教育，應該是引領孩子去抓住原理，而不是給予制式的答案。還在學生時期，毓群就可以當個數學小老師，他總是告訴同學，其實一個算式，不會只有一個解法。甚至，他在幫助同學考前複習時，會因材施教，對不同個性的同學，採取不同的算式解法，因為他怕有的同學，只會死記一種解法，到時候考題若呈現方法不同，學生反倒反應不過來。以許多學生看到就頭痛的排列組合為例，毓群反倒最喜愛這個單元，他可以針對老師每次的題目，舉出多樣的解法。

如今回想起來，當年問出 1+1 為什麼等於 2 的那個小朋友，其實，他當年要問的應該是：1+1 為什麼只有 = 2 這麼「一種可能」。

那個曾經讓老師搖頭有學習障礙的孩子，後來成為記憶學高手，看書可以一目十行。但毓群覺得這並不是說他本身有天賦，他真正要強調的，還是學習要有「耐心」。

兩方面的人要有耐心。第一是學生自己，第二就是師長。毓群看到，往往在學校那些成績後段班的人，似乎後來就注定只能在後段班，但其實一開始最先放棄孩子的就是老師，當老師放棄孩子，孩子在無助下，最終也自我放棄。等於先被學校拋棄，才被迫放棄學習。

　　毓群終身感恩父母對他的不放棄。即便在學校受夠了同學嘲笑，但一回家，父母超量的溫暖，總是補足他的委屈。所謂不放棄，不僅僅是針對孩子教育時願意一教再教，而是包含整個孩子成長面，幾乎可以說父母要犧牲自己很多的時間，才能成就孩子。

　　舉例來說，毓群小時候英文也很差，回家後要再找家教。但英文教學還是需要方法，沒有對或錯，就看適不適合毓群，而一連好幾個老師，毓群都無法適應。爸媽完全沒有生氣，總是耐著性子，好！這個老師不好，沒關係，那就換。真的就這樣，後來毓群為了學英文，換了超過十個老師，終於找到一個「頻率相通」的，也因此毓群的英文學習突飛猛進。

　　毓群真的很感謝父母，當年若父母只是強迫他，老師怎麼教你就認真學就好，不要有意見。那後來毓群可能就無法如現在般，成為國立大學研究所畢業高材生。

　　要找到有愛心的家長，比比皆是。但要有愛心又兼具有耐心，那就比較難能可貴。

　　就這樣，毓群在多方面有了學習突破。英文如此，其他科目也是如此。毓群有上過作文班、數理班，甚至也學過音樂，家裡要他彈鋼琴。

關於鋼琴，背後有段母親的故事，而今毓群每當回想起來，就淚滿衣衫。

◈ **感恩父母耐心用心的栽培**

毓群在成長時候，很長一段時光，是學習比較慢的。別人念書需要花一個小時，他得靠勤來補拙，可能要花三個小時。因此，他下課回家後，學習可能就已經比較辛苦。這時候如果家人還要他學跟課業無關的項目，例如鋼琴。毓群就比較不能理解，甚至乖寶寶的他，也會對母親發出不滿之聲。

是啊！明知道我學習能力比較弱，還要強迫我練鋼琴。那是不是虐童啊？毓群那時小小心靈也曾這樣想。

但家人依然鍥而不捨，督促毓群練琴。整個國小時代都如此，直到上了中學，課業真的很繁重，才比較不強制規範。

多年後，毓群已經在社會工作有成，那時候他遠離家鄉在北部工作。每當回到老家，看到鋼琴，不免就想起童年時光，想著爸媽當時陪伴自己的情景，不禁感觸萬千。一次偶然和爸媽閒話家常，母親無意間透露，曾經母親自己在她唸書時代，也碰到學習上的不愉快。她因為音感不好，不太會彈鋼琴，結果長時間被老師和同學排擠，簡單說，她求學時代被霸凌了。她很了解那種痛苦，也擔心自己的孩子會遭受類似的待遇。因此，她打從心底，就希望自己孩子不要重演當年她在校的處境，所以才讓毓群要學鋼琴。母親也坦承，也許時空不一樣了，她當年這樣教導毓群不一定對，但毓群拼命搖頭，他可以感知母親的用心。

那時母親的身體已經開始慢慢有點狀況，想到當年母親

擔心孩子沒自信，因此以鋼琴為媒介，想要鼓舞孩子學習，毓群當時還小小的做反抗。而今，毓群每次只要談到起鋼琴，就會想起這段無怨無悔的故事。

說起來，天下的父母愛孩子都是一樣的，只是表現手法不同，這也是另一種形式 1+1=2 的註解。以毓群的父親來說，他是比較寡言型的人，但他對孩子的愛，是用另一種形式表達。

那時毓群學業成績已經比較進步，但個性依然讓老師頭痛，就是毓群總是愛問「為什麼」。毓群真的不是找麻煩，他就是搞不懂某個環節為何一定要這樣，這情形不論是國文數學史地都一樣。記得那時候，下課後還有補習，那個載著毓群東奔西跑的人就是爸爸。經常一個情況，補習班預計下課時間是晚上七點，接著是學生個別發問，而毓群就是那個老愛問問題的人，有時候從七點一直問到十點，老師都明顯表現不耐煩了。而毓群走出教室，總是看到爸爸耐性地等在那，從不計較毓群為何問題那麼多，只在深夜裡陪伴，寧願自己餓肚子餵蚊子，只要孩子能學習成長，他就很高興。

長大後有機會透過聊天更了解父母，毓群也才知道，爸媽本身因為自覺學歷不高，總擔心孩子的教育被他們耽誤，因此，只要孩子可以學習，他們怎樣的犧牲都無所謂。也才知道，母親在衛生所上班，本來有一個機會可以去海外工作拓展人生，但她為了照顧孩子，推掉那樣的機會。

還有爸媽本來也有很多夢想，想去旅行，想享受人生。但為了孩子，願意把賺來的錢，通通投資在孩子教育上。毓群還有兩個弟弟，都是在家裡愛的教育下長大，當和弟弟回憶起從前，弟弟透露，其實以前爸媽曾經為了繳補習費，家

裡沒錢，自己偷偷吃泡麵，卻從沒讓三個兒子餓到苦到。

也因為家人的付出，毓群的內心也都感受到那種溫情。因此，陳家的生活一向和樂。別人到中學時期難免因好奇跟著同學學壞，有著所謂的叛逆期。但毓群一路從國中到高中，最後去外地念大學，他都是個乖孩子，從來不會鬧情緒。因為打從心底的感恩，讓他總是守分守紀。

這好景，直到毓群預官役退伍入社會後，卻突然變了調。

◈ 和父母鬧彆扭的那段日子

「現在想來，也許成長時代太過乖巧也不一定是好事，以我來說，我竟然到了入社會後，才進入叛逆期。」

毓群回想起從退伍後的人生，有無限的感慨，因為那時候的叛逆，讓他失去許多寶貴的與父母相處的時光。

主要原因，應該是過往時候，生活環境比較單純，但隨著唸研究所以及在軍中時期，逐步接觸形形色色的人，毓群突然有種錯誤的思維，覺得自己太依賴父母，甚至認為這樣子太「媽寶」了，他覺得有些丟臉。一開始只是小小的偏差，但隨著一次又一次的，父母本來表達的是關心，卻更加觸動毓群以為爸媽都在「管」他，內心自然興起「我都已經是大人了，你們不要再這樣對我。」的不平。於是日積月累，不知不覺中，原本很感恩爸媽陪伴的那個篤實青年，變成了一個跟爸媽不對盤的異鄉遊子。幾乎爸媽建議甚麼，毓群就偏不要，甚至，都已經人在外地，難得打通電話回家，也可以講話講沒幾分鐘，就電話裡吵架，往往講沒幾分鐘，

原本的問安電話，提早被掛斷。雙方都氣呼呼的，卻內心又有種後悔。但後悔歸後悔，毓群卻從不願意對電話的另一端低頭，即便對方是生養自己的父母。

如今想起，毓群覺得那段日子，他怎麼會那麼幼稚。完全忘了，父母年紀越來越老，可以陪伴自己的歲月又有多長？卻怎麼把那樣的時光，都用在對父母出氣呢？

毓群退伍後，很快就考上公家特考，在花東地區公家單位上班，家人正高興著他抱著鐵飯碗，但毓群卻只上班十天，就跳槽到一家汽車公司擔任工程師。當時就和家人起了重大衝突，母親當時有點氣急敗壞的說，本來可以做一輩子的好工作，怎麼你卻要跑去民間企業？

在汽車集團服務兩年，毓群又去考經濟部考試，他真的是考試高手，全國只錄取兩個名額，毓群就是其中一名。那時分發到台北，母親那時已經身體不好，常跑台北醫院，也可就近照顧。

算一算，從毓群退伍到三十幾歲間，有長達七八年時間，毓群處在他所說的叛逆期，這讓他後來想起來都很後悔。

還在花東工作時，爸媽要他早點回家，毓群就偏要搞到快半夜才回家。要他好好在公家機關服務，毓群就偏要挑戰民間企業。

甚至毓群在社會大染缸裡迷失了，忘了感恩之心。每當在職場上遇到不順，有時候就把怨懟發在父母身上，怪父母當初為何給他某種建議，害他現在碰到挫折。

其實以心理學角度來說，毓群只是在工作場合上碰到不

如意，但那些場合他的內心情緒無法抒發，他需要的是溝通的對象。但做父母的，不會懂這些心理學，只懂得對自己孩子應該無限的關愛包容，但越是這樣，毓群內心的情緒越是無處發洩，長期累積，反倒形成他的叛逆話語。

總之，三天兩頭吵架。聽他講電話，不知情的人，可能會誤以為是跟哪個仇家對罵吧！不知道其實話筒另一端，是毓群這一輩子最大的恩人。

毓群本身也是善良的人，但就是某個關節卡住，他就是無法突破「愛的學習」關卡。他知道自己不對，但也不知道如何突破。

◈ 媽，請妳原諒我

從前，毓群在求學路上有甚麼困頓，解藥就是勤學。如今入社會了，毓群再次碰到瓶頸，於是他想起來，他可以透過學習改變一些什麼。

身為一個成年人，他的學習方法，自然就是去參加各種課程。包含成長學習、身心靈課程等等，他有機會就付費去聽課。

那時母親身體已經不好，毓群其實是愛家人的，只是不知如何表達。有一回上課，講台上老師講了一句話，讓毓群當場整個人內心被震懾到。

老師說：「家，是講愛的地方，不是講理也不是講情緒的地方」

毓群聽著聽著，不知不覺已經淚流滿面。

在他腦海裡逐漸憶起，小時候，他是那麼的笨，念書遲

鈍，但爸媽是如何的有耐心地陪著他，去找老師，去溝通教學方法，每天不論學習到多晚，爸媽總會耐心的等著他。當在學校，遇到同學的言語欺侮，回家後，總是爸媽給他安慰，讓他知道，他是被愛的，他是家裡的珍寶。如果沒有當年爸媽無怨無悔的付出，毓群有可能學習成績突飛猛進，後來成為高材生，也入社會取得成就嗎？

　　而今怎麼了？他是怎麼對待父母的？毓群越想越傷心。好想當下奔回家鄉，親自跟爸媽道歉。

　　這時候，毓群也深深感知，這世上很多的東西，得到很好，但失去也不用擔心，只要能力在，失去還可以再回來，例如金錢，例如權位。但有些事物，一旦失去，就永遠回不來了。例如父母逐漸白頭，可以陪伴他們的日子越來越少。**原來人生所謂的成功，如果必須犧牲家人，那就變得一文不值。如果有一天，在職場上的成就光榮，想要找人分享，台下卻已經沒有家人在那裏了，那樣的成功真的再無任何意義。**

　　那天，他想打電話回家跟母親說道歉的話，但習慣使然，當聽到媽媽家常的話語，聽她絮絮滔滔講家中事情，毓群一時間，又不知道該講些甚麼。他受過那麼多高等教育，卻從來沒有一個教育，教導他如何對著話筒另一端說「愛」。

　　於是電話掛了，他終究沒講出心聲來，但至少也沒吵架。如是一次又一次，毓群總是不知道如何開口表達愛與歉意。

　　日子繼續過，毓群經常失眠，內心有話想說，卻不知如何說出口。直到那天，媽媽又被緊急送醫院，毓群整個人慌成一團，好擔心那件憾事會發生。衝進醫院彼時爸爸已在病

榻旁邊，看著床上的媽媽，身上插滿種種管線，毓群撲到床邊，然後撲通一聲跪在床榻旁，邊哭嚎著邊喊出他的心聲：「媽，我錯了，請你原諒我」。

母親伸出虛弱的手，親親拍著兒子，然後轉過頭來，用氣音對著床旁的爸爸說著：「老伴啊！我們的孩子，回來了。」

一家人就在醫院裡所有護理人員面前，抱在一起，哭成一團。

那年，2019，令人難以忘懷，愛拾回的一年。

◈ **懂得愛，人生變得不一樣**

原來，人生就是一場學習。最重要的功課，不是十二年國教，從小學念到大學的哪一門功課。而是關於自我修練的功課。

自我修練，最基本的環節，就是做好自己與家人的關係。

這讓我們聯想到古書《大學》裡「齊家、治國、平天下」的境界，齊家，是平天下的根本，如果一個人，連跟自己家人的關係都搞不好，怎麼能跟更外圈的朋友和樂相處？如果一個人，連照顧好自家都做不到？怎麼要求若他從事服務業，可以善待客戶呢？

那回，毓群經歷了「找回自家關係」的洗禮，後來不知不覺的，也改善了他在職場上的關係。不論和上司、和同事或和客戶相處，他都能夠以新的思維來對待，他的內心真正能站在超越自我的角度，因為有被愛的經驗，他懂得站在同理心看待與人相處的關係。他經常有機會也跟朋友及同事分

享，例如，有的朋友正和女友鬧冷戰，他就會告誡，**跟自己愛人相處，必須要講「愛」，而非計較誰付出得多誰付出得少，有時候，付出才是最大收穫，何必去計較誰先鬆口說愛你，誰先放下身段說道歉呢？**

從前叛逆期時候，毓群不只跟父母不愉快，也跟兩個弟弟處不好。也是基於同樣道理，他會想著，為什麼你們做弟弟的不主動問候哥哥，還得要我這做哥哥的先連絡你們？

這樣想法如今聽來很可笑，但當一個人心靈被蒙蔽，有「我執」時，就會有這種情況，並且這樣的情況，到處都有。讀者朋友們，也可以想想，當自己和家人或情人相處時，是否也會這樣鬧情緒？鬧著鬧著，許多的感情因此變質。也許父母可以無限的包容，但愛情方面，另一半不一定會有此雅量。於是，許多的怨偶就會因此產生。

請重新檢視自己與所重視的人彼此的關係，對與錯，不一定那麼重要，將來會不會後悔，這比較重要。

現在的毓群和家人和樂融融，一有時間就會回家鄉陪家人吃飯。飯桌上他還會帶著弟弟一起感謝家人的辛苦付出，在飯前用拍手表達感恩。

毓群也想將他對愛的體悟，發展為格局更大的學習教育。

身為過來人，毓群知道，人生很多的困境跟學習有關，而學習需要方法。當年，毓群從一個學習有障礙的人，後來發展出自己獨創的記憶法和學習精進法。他也因此考試無往不利，可說是各類型考試的常勝軍。

現在毓群想分享他十幾二十年來的學習心得，引領許多

在學習過程中卡關的人，幫助他們找到一條突破的路。某種角度，他扮演著當年父母陪伴他的角色。

毓群謹以這樣的分享學習，也期望這世上有更多的人，學習如何學習，學習如何愛。

備註：

這本書獻給

最愛我的家人

曾經幫助我的貴人，

以及曾經激勵我的逆境菩薩，

沒有你們，就不會有這本書的問世，

最後感謝裕峯老師的幫助，

讓自己曾經的經驗，

分享給需要的朋友。

＊歡迎加line聯絡毓群，ID：s1t1evenchen，可以獲得「世界銷售大師心法」。

思維探討：如果原本該帶來溫暖的地方，卻讓你想逃避，那該怎麼辦？

築夢銘言：當你願意用正向看世界，才發現世界截然不同。愛世界，就從愛家人開始。

與家人相處，是一生的功課。

林耀群

如果這個家讓我那麼痛苦，我寧願逃得遠遠的，
如果這世界總是充滿爛人，真的每天都讓我看了心煩。
那麼，這一生就注定要遠離親人並且與人結怨嗎？
是否，有甚麼更關鍵的解答？我們無法要求這世界為我改變，但是否答案根本不必寄望在外界？也許，當拿掉蒙蔽在心靈之眼上的遮蔽，這世界就會豁然開朗。

◇ 我想逃離充滿魚腥味的這個家

說起變遷，耀群可以說非常有經驗了。過往他的工作，也經常是幾年內就換過好幾個東家。學生時代，他光從小學到中

學，就在花蓮和新北市搬進搬出，短短五年內就轉學三次。

都說「這世上唯一不變的事就是：世界永遠在變」，然而，如果老是無法安居、心境無法安定，那人生就會總是處在空虛甚至無助的狀態中。

很長一段日子，耀群就是一個沒有自信、茫然無望，看不到未來的小人物，他沒甚麼朋友。一個連自己家人都想躲開的人，怎麼會有朋友？

所幸，他雖戴著灰色眼鏡看世界，但原來這是上天給他的課題，終究，他有一天要摘下那副遮蔽心靈的眼鏡，用全新視野看這個世界。

出生在花蓮，爸媽都是來自偏鄉的平凡勞工，早年時候，台灣周邊漁業資源尚未如現今那麼枯竭，爸爸是個跑船人，捕魚為生。事實上，耀群所生長的地方就是個漁村。漁村的特色之一，做爸爸的人經常不在家，媽媽也為了家計終日勞動找活計。那裡出生的小孩，通常都是給阿嬤照養。於是隔代教養問題嚴重，耀群因此和爸媽從小關係就比較疏離，而長期處在魚腥處處，四周都是怨天尤人漁民的環境，耀群從小就是在這樣負面思維的染缸長大。

雖然鄉下地方其實民風比較純樸，但成長期間仍經常看到衝突場面，最火爆的場面，不在別的地方，正是在自己家中。標準大男人主義，脾氣粗暴，總要大家唯他俯首稱臣的爸爸，像個暴君，統治全家。倒還不至於家暴，但家裡三天兩頭總是有著火藥味，總是看著爸媽吵架，爸爸怒吼媽媽哭泣的場面，這在耀群內心種下陰影。此外，隔代教養的影

響，爸媽的理念和阿嬤不同，也常讓耀群無所適從。加入一貫道的媽媽，長年茹素，耀群也跟著愛吃素。但阿嬤擔心孩子營養不良，當她教養時，就逼著耀群要吃肉。漁村甚麼肉最多？自然是魚肉。自小耀群就被逼著吃魚，乃至於長大後的耀群完全對海鮮敬謝不敏，甚至一看到魚就反胃。

環境影響一個人甚鉅，並且小時候的教養環境，帶給人終身的影響，這都是真的。只不過，這樣的影響有可能被逆轉？也就是說，不僅可以跳脫過往負面心錨，還能夠以正向力量影響身邊周遭？

這樣的認知，小小年紀的耀群自然還沒有，他從少年到青年，就是被負能量圍繞著，甚至心中最大的企盼，就是逃離這個家。

◆ 無限循環的灰暗氛圍

直到年過三十以後，耀群才終於察覺，原來這個世界會這麼灰暗。關鍵不在世界，原來是在他自己。

在那之前，耀群就只是不斷得忍受這個烏煙瘴氣的世界。

他眼中的家庭，就是爸媽永遠吵架的家庭。他眼中的家族，也是勾心鬥角的家族。小學時候，爸爸從海洋回歸陸地，在不同地方打工，後來和一位親族學到製包子秘方，決定創業做生意，花蓮人少消費度低，於是搬到中和開包子店，當時也真的闖出一番名堂，成為當地排隊名店。然而，人一成功，似乎總是會帶來後續糾紛，之後包子店鬧雙胞，家族中其他人也要開店，過程中，全家中和花蓮兩地跑，耀群轉學三次，中和的榮景後來蕭條了，回花蓮卻無法再開包

子店，因為大伯已經開店，家族不准爸爸開。最後是經營平凡的早餐店。不甘心就這麼被打敗，爸爸後來又重回中和東山再起，這回倒是做出一番成績。甚至後來還在中和買了房子。無論如何，在成長過程中，耀群眼中的爸媽，還是三天兩頭就吵架。

至於他眼中的外界社會，就更是「天底下沒甚麼好人」。

寫起耀群自退伍後的工作史，只是一篇篇日復一日無趣的流水帳，其中穿插的高潮，就是人際關係間防不勝防的內鬥中傷。

如今回想，那時候的耀群其實處在受害者情結，但當年他並不知道。耀群當時只知道，怎麼主管那麼爛？同事那麼爛？老闆更是爛。每天同事甲抱怨同事乙，其他同事則幹譙組長，還有上司總是叨唸下屬無能，至於所有的員工，對外是一盤散沙，但對內卻有志一同大家都怨恨老闆。

原來爸媽吵架不是甚麼大不了的事，這個世界本來就到處都充滿紛爭。這是耀群自我安慰的方法。

耀群自己不知道，他其實只是戴著「自家生產的心靈眼鏡」，把他從爸媽那邊得到的負能量，投射到這個世界而已。在剛退伍時，耀群還真的去了一家眼鏡行上班。只做了一年，就覺得不適應而離開，原因很多，包含那是 24 小時的企業，常得排晚班很勞心勞力，但真正的原因，其實是人的問題。反正就是某某店員批評另一店員，入世未深的耀群被洗腦，後來也跟另一個店員起衝突，到了最後鬧到高層，在不愉快

氣氛下耀群憤而離職，但直到離職後回想，才覺得自己當時其實是被挑撥利用做為公司內鬥的棋子。

後來去電子工廠上班，雖然福利還可以，生活也算平靜。但長期已經習慣戴著負面眼鏡看世界的耀群，就是處處看到讓他不順眼的地方，越往壞處想，就覺這裡缺點很多，月休不正常、宿舍沒網路、同事也不對盤，總之就是怎樣都覺不對，最終自然還是離職。

到下一份工作，這回擔任的是保全公司系統工程師，看起來比較高階。月薪在當年也還不錯，但當碰到其實可以讓耀群獨當一面的機會，他反倒覺得無法面對。原本有個師父會帶他，後來改為由他全權處理自己負責區域的客戶，耀群才發現很多狀況他無法處理，監視器維修，以及系統故障，每次遇到事情，耀群只覺好麻煩，壓力太大了，到後來可想而知，耀群又離職了。

這樣的故事還可以一直寫下去，直到讀者煩了，耀群的身邊朋友也煩了。

總之，根本問題若不解決，耀群的人生將繼續灰暗永無天日。

◇ 試著從陰暗走進陽光

耀群本身是個很聰明的青年。當他一再地在職場受挫，他也知道一定哪裡出了問題。只是長年住在資訊比較封閉的花東，之後入社會也是到類似的同溫層工作，工廠的環境大家都是白天無精打采工作，晚上就上網咖，無所事事一日過一日。處在這樣的環境中，耀群一直無法找到突破人生的破口。

突破的關鍵跟母親有關。原來家裡不從事捕魚後，母親後來有找到新的生活重心，當家中開店時，媽媽上午協助料理店務，傍晚就會跑去一貫道場做志工，為此，爸爸也常和媽媽吵架。不過長大後的耀群，後來才知道，爸爸不是罵媽媽，爸爸只是不擅表達，在他粗言粗語的背後，其實是擔心媽媽，處理店務都夠忙了，還要去道場服務，爸爸只是擔心媽媽累倒。

　　其實只要轉個念看事情，世界就不一樣。但這樣的道理，全家人都不知道。

　　媽媽參與的一貫道，嚴格說來也是個封閉的環境，有時候媽媽的固執，也帶給全家人困擾。但至少有兩個正向的事，第一，道場畢竟勸人為善，第二，道場裡可以交到不同領域的朋友。媽媽就是這樣後來逐步接觸到傳直銷事業，關於這件事，爸爸的反應是深惡痛絕，曾經為此多次和媽媽起衝突，他怒吼要媽媽不要再被騙了，天底下最大的兩個騙子就是傳直銷與保險。火爆場面下，爸爸還曾很不客氣的就直接把產品往外丟，而私底下媽媽還是有加入傳直銷，並且把產品偷偷藏起來，主要是為了力挺朋友，也加入好幾家不同的公司，好朋友加入哪一家，就被加入哪一家，不好意思拒絕好朋友。

　　無論如何，就是因為一場傳直銷舉辦的演講，改變了耀群。由於爸爸比較兇，平常耀群還是和媽媽比較親，所以耀群基本上也比較支持媽媽的決定，他也跟著媽媽加入傳直銷。那回就是在台北舉辦的一場兩天一夜講習活動。讓耀群的心被開啟一扇窗。

爾後，耀群也逐步養成習慣，他一有機會就去報名各種勵志課、心靈課或者財商課等等。終於，三十多年一直讓自己窩居在負面陰暗能量場裡，耀群現在開始，朝向有陽光的地方走去。

◇ 再也不要被負能量束縛

　　陽光其實一直哪裡，並不阻擋人們沐浴在她的溫暖下。往往得不到溫暖的原因，不是陽光太遠，而是心沒被打開。

　　那回耀群在台北上課，影響他的一句話，其實也並非甚麼神祕的話語，台上老師只是說「家是講愛的地方」，這讓耀群內心一震，用心去思考「愛」的課題。那一次上課，只是一個契機，往後，耀群透過勤奮的上課學習，接觸了更多的心靈課程，才更加理解自己為何老是在職場不順的背後原因：原來就是他自己自始至終，總戴著負面的眼鏡去看世界。

　　其實不只職場受挫。當一個人自身處在負能量的思維中，那麼，他生活中的每件事都會受挫：家庭、職場、人際關係以及財富，全部都受影響。

　　除了職場不順，最讓耀群困擾的另一件事，就是情場。以外表來說，耀群年輕帥俊，氣質也斯文，但多年來，耀群不但尚未成家，連知心的女伴都找不到。其實也不是找不到，就是每當緣分近了的時候，耀群就會被他下意識地推開。於是從中學一直到退伍入社會，明明有很多機會和對自己有好感的女孩相處，但往往在第二次約會就被耀群的「焦慮不對勁」感覺，硬生生將姻緣打壞。

　　結果不但正姻緣被負能量排拒，甚至還經常吸引負能量

的關係。這其實也是理所當然，負能量本就會吸引負能量。於是耀群，三番兩次遇到類似感情騙子的事件，例如裝成貼心網友後來其實是酒家女，耀群並不排斥任何職業的對象，可惜對方就只是想要他不斷掏錢，並不真心想要談感情。並且這類的事一而再再而三發生，知道的人都不禁大嘆，當凱子也應該當久會學乖，怎麼還是會被騙啊？

關鍵就還是在內心思維，再不早日撥開負能量的遮蔽屏障，那耀群就難以擁抱陽光。

於是藉由上課，耀群真的尋求轉變，這件事其實不容易，這世上並沒有一堂甚麼神奇的課，可以上一次人生就大躍升的。每次的課都只是一次洗滌，而心靈的汙垢，特別是像耀群這般累積三十多年的負能量汙垢，必須經歷多次的洗滌。

但只要有心，方向對了，終究就能轉換磁場。

耀群第一件認知到他應該做的事，就是他必須擺脫受害者狀態。

受害者狀態的特徵是甚麼呢？其實爸爸就是一個例子，表面上很霸道，很有男子氣概的爸爸，其實只是用兇惡的外表，來隱藏內心的孤單無助。受害者內心其實覺得這世界都對他不好，都不值得信任，因此爸爸的應對方式是裝成很兇的樣子。至於耀群，則經常變成受氣包，在職場及情場跌跌撞撞，越撞越自卑。於是更像個受害者。

這個受害者，在職場上，覺得主管和同事都在欺負他，在社會上，總覺得人們都對自己不公平，好的沒他的份，倒楣的都讓他碰上。受害者情結，甚至讓他耀群覺得自己不值

得被愛，所以當有人對他有好感，他第一個想法就是，這不是真的，就算我們在一起，我也「沒能力」「沒資格」照顧人家。

在耀群的記憶裡，他可以參考的家庭範本，就是爸媽永遠吵架的樣子。無怪乎碰到感情的事，他想著想著，就擔心他自己也只能打造一個吵吵鬧鬧的家，所以即便幸福就在面前，他也選擇裹足不前。

如果關鍵其實就在自己，另一個關鍵就在家庭。

過往的人生已不能改變，但未來還有可為，耀群可能去改變自己的家庭嗎？

◈ 爸爸，我愛你

耀群開始嘗試去改變。

爸媽的個性，以及家庭環境影響耀群一生。但不論如何，耀群確定的一件事，爸媽其實很愛他，他也愛他爸媽。

背負受害者情結的耀群，其實知道這種情結還有一個特性，那就是不負責任，反正碰到事情，就躲起來，就說自己是無辜的是被陷害的就好。就像以前擔任系統工程師，他碰到監視器安裝有問題，於是選擇逃避，後來離職。在原生家庭，耀群過往很不滿意爸爸的，不正也是「不負責任」這件事，耀群就是打從心底，覺得爸爸不負責任，他沒照顧好這個家，他沒有給媽媽幸福，甚至後來耀群職場一路不順，這筆帳也都要算在爸爸頭上，就是因為爸爸不負責任，所以沒能帶給他好的教育，好的未來。都是爸爸的錯。

是這樣嗎？會不會，其實自己才是最不負責任的人？例如一退伍，很快就逃離花蓮，根本不想為這個家多用點心，這樣的自己是多麼的糟糕。

　　因此，耀群嘗試去改變，他要先讓自己成為一個負責任的人，勇敢面對生活挑戰，更要永遠面對「自己」。

　　既然要挑戰，應該選擇最核心的問題，但初始耀群還不太習慣。例如在課堂上，導師會鼓勵學員們，勇敢拿起電話，打給自己心愛的家人，對著他說「我愛你」。初始，耀群都選擇容易的做，他每次都打電話給媽媽，反正媽媽本身和他一樣有經常上課，彼此互動也還可以。打給媽媽說「我愛你」，這很簡單。

　　但難道每次都只能這樣嗎？導師要我們改變人生，我們是要做給導師看應付應付，還是真的想改變人生？如果只是這樣，那還不是一樣缺乏勇氣？

　　耀群內心掙扎著，但老實說，要打給那個他從小就害怕的爸爸，他還是沒有勇氣。

　　這是他要突破的關卡。

　　終於，那一天，導師又說要學員打電話給心愛的人。耀群猶豫了一下，本來又要撥打媽媽的手機，一念之間，他改撥家裡的電話。鈴聲想沒幾聲，就傳來爸爸那雄厚粗獷的聲音「找誰？」

　　耀群嚥了一下口水。忍住想要掛電話的衝動。鼓起勇氣把準備好的話說出口。其實他當時腦中有點混亂，原本打的草稿早就忘掉。他只是自然而然的說著：

「爸，是我啦！我是阿群！」

話筒另一端沒有回應。

「爸，我其實這通電話要跟你說，老師要我跟最愛的人說聲我愛你。我⋯⋯我第一個念頭，就想到你，所以我打了這通電話。我⋯⋯我要說我愛你」

另一端的爸爸，愣了好幾秒才回應：

「喔！喔！⋯⋯」

既然都說出口了，耀群就接著說，過往以來雖然不常跟爸爸講話，但他無時無刻都在關心著爸爸，不只我愛你，相信我們全家人都愛你。

「喔！喔！⋯⋯」

講到後來，耀群講不下去了，他發現他自己又不爭氣的流下男兒淚，至於爸爸，那硬漢是絕不會哭的，但，是這樣嗎？他也不知道，只知道一向很兇的爸爸，那通電話異常的安靜。都可以想像他楞在那兒的模樣。

電話掛斷，外頭世界一樣風和日麗，人來人往。但耀群清楚知道，這世界，已經是一個全新的世界。

◈ 如果，可以沒有那些「如果」

當自己願意拿下灰色的眼鏡，耀群才學會重新去看這個世界。

假如人生可以從來，他會怎麼過呢？他也許還是會離開原本公司，轉換跑道，但離開的理由一定不會是落荒而逃，甚至他要離職時，同事們還會依依不捨。

如果再次回到那家眼鏡行，他會用另一個眼光看同事，他會有自己的判斷，不會輕易被洗腦。當某甲批評某乙不好，那也許他和他之間有著甚麼誤會摩擦，但我自己的答案呢？我眼中的某乙，可能也有缺點，但耀群可以看到他更多的優點，真的不需要隨風起舞，人云亦云的踏入內鬥渾水。

　　如果再次回到電子工廠，耀群知道他也依然不會待很久。但原因不會是和公司的人員鬧不愉快，相反的，他會覺得，每個同事都很可愛，這些技工們來自台灣各個角落，每個人都有自己的故事，若當時可以和他們聊天分享，也是很好的經驗。而當歷練一定的技能，覺得自己更加茁壯後，他才會離開去尋求更寬廣的天空。

　　還有，如果再次回歸那家保全公司，讓他再次獨當一面去處理客戶反應的系統問題，他絕不會再逃避。他會懂得：「問題來了，也代表機會來了」，每個新狀況都可以讓他學會一個新東西，答案不知道，但不知道可以用問的啊！只要多開口拜託前輩，一定可以找到解答。那麼，如今的他就會擁有更多的技能。

　　至於感情問題，如果不要再自卑，他就不會再刻意隱藏自己。例如透過網路，在女孩子面前表現出自己多慷慨多有本事，以掩飾自己其實很自卑的事實，就是因為這樣，那些老經驗的情場女子，才會針對耀群的弱點，對他予取予求。如今，耀群願意找回自己，更大方地去與女孩們交往，放下得失心，只剩下真誠的交流，相信他的春天很快就要來臨。

　　以上是種種有關耀群的「如果」。

與家人相處，是一生的功課。
林耀群 ─ 205

耀群表示，過去的就過去了，他的那些「如果」都永遠無法挽回。但未來是可以更亮麗的，包括和家人的關係也可以更和諧。

　　至於讀者，不論處在哪個年紀，都一樣可以讓自己不要將來再回首說「『如果』當初怎樣怎樣就好……」

　　不需要後悔沒有如果，耀群鼓勵大家，只要轉換心境，用不同角度看待人事物，例如從前看缺點，現在看優點。甚至，不需要大幅改變人生，只是站在原地重新審視身邊周遭，都會有截然不同的體悟。

　　改變，可以從這一刻就開始。

◈ 家是講愛的地方

　　現在的耀群，已經更懂得如何與家人好好相處。

　　當然，他也不會太好高騖遠，以為自己上了許多心靈成長的課，世界就真的來個大翻轉。例如，爸爸的個性，依然比較強悍，媽媽，也依然每天愛嘮叨。但，的確有很多事已經變得不一樣。

　　也唯有願意坐下來好好談，才能夠做到真正的交流。

　　很難想像，以前看到爸爸，心裡就想逃得遠遠的，現在耀群每次回到花蓮，都可以和爸爸自然的談心。

　　也就是在這樣的時候，一次又一次的溝通，耀群和爸爸「把真正的感受&內心的想法說出」，像男人和男人間一樣的敞開心胸談人生。

　　耀群才知道，爸爸並不是那麼封閉，也不真的那麼獨裁。爸爸也有他成長的背景，簡言之，他出身的環境，造就

那樣個性的他，從前爸爸就是苦出來的，後來長期在海上作業，靠天吃飯，有甚麼也擔心命不保夕，那樣的環境，自然養成比較「豁出去」的個性。

而媽媽那邊，她當然有很多地方想法和爸爸不同，而爸爸是粗人，不擅表達，有時候，明明想說的是愛，但表現出來的卻反倒「嚇到人」。隨著年紀漸長，老夫老妻的，從前比較隱忍的媽媽，現在也比較會表達自己的個性。有一回爸媽彼此又在吵架，最後又演變成火爆場面，只是這一次，摔東西的人不是爸爸，而是媽媽。這反倒讓大家都真的嚇到了。原來一味忍讓，不代表事情會主動化解，可能鬱積在內心的怨氣越來越多，如果一旦像火山爆發一般，那會帶來「震撼」的後果。

在那回的衝突中，耀群反而看到爸爸無助的樣子，他真的感覺到爸爸的眼睛充滿關心。只是既擔心卻又手足無措不知如何是好。

這就是自己的家，自己的爸媽。耀群後來真的釋然了，覺得以前竟然只會一味逃避，真的是很不成熟。如今隨著爸媽年紀越來越大，耀群知道，他必須勇於對這個家扛起責任。他不需要刻意去改變爸媽，更不會對自己爸媽說教，他只想好好陪伴他們。

家是講愛的地方。講理，沒關係，爸媽可以各自講理。但耀群發誓，自己永遠要對家人講愛。

◈ 讓我們一起學習成長

現在的耀群，覺得他有一個很大的使命，那就是以他的

經驗來幫助人。

他覺得他非常適合這個角色，原因在於：

第一，耀群是過來人，他自己經歷過家庭、職場、感情多方面的負面經驗，並且非常有體悟，他可以感同身受來分享，而不會只是理論化的傳授。

第二、他當初被困在負面情緒裡，也真的花了好多功夫去學習，也因此，他投入很多心力，融入各家心法，他可以將這些融合勵志、心靈以及多元化學習的人生成功學，與大家分享。

第三，他有個使命感。特別是有機緣認識到他人生的貴人：林裕峯老師，他從那邊得到很多的啟發，確認教育是他的人生一項志業。並且他感受到，原來過往人生碰到那麼多陰暗面，到頭來，都是為了引領他成為一個老師，一個分享者。

當然，耀群鼓勵讀者們，可以多方面尋找老師，他也願意擔任其中一位老師。

學習，本來就不是一蹴可及，也許今天上 A 老師的課，因此觸發了某個思維，為了學習這個思維，於是又去找 B 老師，就這樣一環一環的銜接，人就可以不斷成長。

另外，也許有甲和乙兩個同學，兩個人有不同成長背景。那麼，同樣去聽 A 老師的課，甲生和乙生被觸動的點就可能不同。例如以耀群自己來說，他的人生重要轉折鎖鑰，是有關家庭，所以當初上課時，會被「家是講愛的地方」所激勵。但另一個學員，可能被感動的點，就和他不同。這點對於有心學習的人也很重要。

總之，耀群鼓勵讀者，首先，要勇於去學習及接觸新事物，然後過程中，依著每個人的個性和喜好，可以選擇不同的模式，例如同樣是上課，舊有傳統課堂式聽課，以及體驗式情境學習等不同方法。但只要是社會上推薦的有名氣的老師，都可以去學習。例如，裕峯老師，就是他很推薦的學習對象。

耀群自己也逐步建置了屬於自己的教學平台，他想和讀者分享的，人人都適用的兩大人生突破方式：

●第一步：修正信念

這世界沒有一定黑白對錯，世界到底是怎樣，關鍵在我們自身。

我們應該盡量把負面的心境拿掉，跟潛意識好好對談，然後用正能量的視野看世界。

●第二步：勇敢迎接成長

這世界，很多人們懼怕的事情，卻正是突破的關鍵。例如，如果從前沒有人勇敢橫渡一望無際的海洋，怎麼會造就如今美麗的世界呢？

迎接挑戰，不只包括職場跟情場，更大的戰場，其實是心靈。你願意讓心靈成長嗎？人生的下一個境界，就在這裡。

耀群的相關粉絲專頁、教學平台，也會持續建置，在那之前，他也願意跟許多有緣的朋友，共同來分享，一起學習成長。

與家人相處，是一生的功課。
林耀群 – 209

如今，耀群的家已經截然不同。爸爸還是那個爸爸，媽媽還是那個媽媽。現在的耀群，回家後會跟父母擁抱，爸爸其實還是會一臉尷尬，但其實臉上有著笑意。

　　從前，爸爸最討厭傳直銷還有保險，結果這兩項，耀群都有參與。

　　參與就參與吧！你是我的家人，我永遠愛你。

　　是的，爸媽，我永遠愛你們。

思維探討：一個長年為別人而活的女子，如何走出自己的一片天。

築夢銘言：別再被過往所束縛，要懂得愛自己，勇敢的為自己而活。

女人要懂得不依賴別人也能創造財富幸福

林宥均

24 小時不打烊的誠品書店，
某個人潮最少的偏僻角落，
日復一日地，我來到這裡，
手上拿著書做為遮掩，坐在地上，我淚水不停傾瀉，
一直想著該怎樣讓自己生命有個了斷。
我是個無法擁有愛的人，
當我幫某人的夢想完成，我就可以早早去死了。
……………
這就是曾經的我，
直到我懂得如何愛自己，我終於不用再躲藏角落暗自哭泣。

如今我是個可以為別人圓夢的人，

熱愛學習、熱愛助人，

生命已然有著全新色彩。

◇ 夢想也可以讓妳感受像身在地獄

在同學間，有個奇怪的女孩，她都不跟人家講話，不是天生啞巴或者個性傲慢，相反地，她身子弱不禁風，老是低著頭，神色惶惑，彷彿害怕和別人交談，更別說是更親密地孩子們彼此間的戲謔互動。於是大家也不跟這女孩講話，年復一年，同學用一個隱形的圍牆，把她隔離在外面。連老師也不太愛搭理這個功課很差，又不合群的女孩。

她就是少女時期的林宥均。並且，這樣的場景，並非只在幼稚園或年幼無知低年級小朋友圈所發生。有長達十多年時間，直到18歲前，這都是宥均的校園生活常態。

宥均是個被禁錮的女孩。

她不是因為犯罪被關入任何形式上的牢籠，事實上，她被關在一個更可怕的牢籠。有形的牢籠，還會有獄友、正常作息以及放風的時間，但是精神的牢籠讓她身心靈都被束縛，感覺無時無刻都處在害怕中，如果問她甚麼叫做地獄，她內心會想，地獄會比現在糟嗎？無怪乎，很長一段歲月，若宥均還有屬於自己的「夢想」，那麼，那個夢想，應該就是早日離開人間，尋覓真正安寧的歸宿。

這是屬於宜蘭女孩宥均的故事，她至今為止有約三分之二的人生，都是屬於晦暗黑白的色調，所幸，在最終她終於

逐漸走出人生陰影，因此有了現在充滿色彩的人生。

由於本書是談論夢想的書，那麼，我們就來談談宥均的夢想吧！

前面曾提到青少年時期宥均的夢想就是「自我了斷」，但這還不是她真正魂縈夢牽的夢想，宥均從小到大，直到年過三十後，都還念茲在茲的夢想，其實不是她本身的夢想，而是她爸爸的夢想。可以說，那段青春歲月，唯一阻撓著宥均不去尋死的牽絆，就是「她還沒達成爸爸的夢想」。

時過境遷，如今的宥均，已經擁有非常強健的心靈，但每當想起這一路以來的成長經歷，她還是感到一種椎心的痛。

原來，夢想也可以讓一個人長時間都像生活在地獄裡。只因，那是屬於別人的夢想，而非自己的夢想。

◈ 在角落顫抖的身影

場景來到七〇年代的宜蘭，宥均的老家是個看來再平凡不過的中產家庭。爸爸是個公務員，媽媽則是家庭主婦。家裡有兩男一女，宥均是長女，下有兩個弟弟。若有人來造訪這個家庭，可以看到孩子穿著整潔，吃的用的都還不錯，如果正逢考季，可能還會看到做爸爸的，親自坐在書桌旁，拿著課本指導子女課業，整個看來就是一個溫馨美滿的家庭典範。

可惜，這一切都是假象。

從小到大，若用兩個字來代表宥均的成長歲月，最適合的字句就是「眼淚」，不論是害怕的眼淚也好、委屈的眼淚也好，甚或受傷疼痛哀號的眼淚，都難以被戒除，因為生長

環境從未改善，並且化成噩夢附身伴隨孩子成長，乃至於宥均甚至以為人生本就是這樣，她連求救和尋找外援的能力都沒有。

　　宥均在職校所學的專業是護理，這是爸爸給她「規定的」職業，事實上，宥均的人生每件事都已經被爸爸事先「規定」好了，當別的青少年可能有著「前路茫茫不知何去何從」的困擾，宥均完全沒這樣的困擾，或者說，她沒法有這種「選擇的幸福」，她的人生都已經被束縛住，若敢違抗，套句她爸爸的口頭禪「我會打斷妳的腿」，如果這只是單純的粗話恐嚇那也就罷了，但在成長歲月裡，宥均清楚知道，爸爸可能是來真的，因為她從小就是這樣被暴力打過來的。

　　時常，「被打」這件事還只是次要的痛苦，真正可怕的是那個動手打人的身影，就算他站著不動，光他散發出來的那種恐怖氛圍，就足以讓一個孩子全身發抖。很多事，直到宥均三十歲後她才透過學習有些了解，回過頭來看成長歲月，再次審視那個動手打人的魔鬼，其實，也可能只是個過度自卑的生活失敗者。

　　四〇年代出生的爸爸，本身成長的記憶也充滿不快樂，他小時候因為染上傳染疫病，在那醫療資源不若現代豐富的時代，他在高燒之後雖挽回一命，但終身走路會微微跛腳，有著類似小兒麻痺的症狀。宥均猜想，這因此導致爸爸有著偏差的人格，當他覺得無法在世界上有個榮耀的立足，那麼就將權威全部用在掌控他自家的小小世界，子女就是父母的財產，爸媽這一代做不到的事，子女「有義務」要成為父母夢想的延續。哪個有天大的膽子，敢違抗這樣的指令，那就

是自己找死。而基於小錯就要糾正，從小就要讓孩子聽話的邏輯，因此，孩子被迫從小就被關進日復一日的恐懼牢籠，打罵成為家常便飯。

如今每當談起童年最強烈的印象，宥均就想起每天入夜的時候，別人家是準備歡樂的晚餐團聚，她和小弟兩人卻各自縮在房間不同角落慄慄顫抖，沒有對話，只有彼此恐懼的眼神對望，心中暗自祈求著上天，爸爸今天心情不要太差。而這樣的日子，竟然長達十多年，並且就算孩子都已長大成人，恐怖也都沒有中斷。

◈ 害怕也是一種動力

甚麼是刺激一個人成長的動力呢？激勵大師安東尼羅賓曾說，「追求快樂」與「逃離痛苦」是刺激成長背後的兩種動力。那麼，對宥均來說，「逃離痛苦」這件事已經到了甚至「攸關生死存亡」的地步，她真的覺得她若再繼續在這個家庭待下去，她將活活被逼死。所以原本功課很差的她，這輩子第一次全心衝刺功課，那是高中畢業考護校的時候，她真的拼命讀書，每天只睡兩三個小時，只求考上一所學校，讓她可以趕快逃離宜蘭。

也就是因為這樣的「動力」，後來宥均以吊車尾的成績，考上了長庚護專和長庚二技，從此進入護理領域學習，畢業後也按部就班進入職場擔任護理人員。

只記得在外縣市上課學習時候，別的同學最渴望的是放假回家與家人團聚，宥均卻是非常害怕回家。即便年過18後，她已該算是成人了，宥均依然無法擺脫爸爸的掌控，因為那

已經成為一種長年制約，宥均是爸爸永遠的「財產」，一舉一動都必須讓爸爸知道，所以人生規劃，都必須照爸爸指定的方式。

也因此 18 歲的宥均，其實是有夢想的。只不過那些夢想的「服務對象」都是爸爸。她立下心願，三十歲前要買房，要設法拼出月入十萬，讓「爸爸及家人感到光榮」。

並且諷刺的，這些「夢想」如此強大，乃至於經常當宥均實在覺得人生痛苦到她不想再走下去時，反倒是這些「夢想」會盯促著她「妳夢想還沒做到，不准自殺」。

還好，如同某個哲學大師也說過的，苦難越大，就對比著未來的喜樂也越大。雖然在宥均的生命中，她的喜劇還沒登場，但至少 18 歲後她的人生開始有些改變。

那只是小小的喜悅，但背景基調依然是悲慘的顏色。

無論如何，相對於過往在家的痛苦。18 歲後的宥均總算人生也些小小喜悅。她開始有些朋友了。

20 歲前，願意跟宥均這個怪咖當朋友有吳佳紋，游佳莉，朱錦足，李婷婷，許惠璇，陳昭佑唯一這些人陪我走出來，給我滿滿愛與溫暖，讓我開始覺得每一天都是有希望向前走。十多年後，宥均有機會接觸到黃佳興大師的潛能培訓，直到那年她才終於體悟，自己原來心早就受傷了，但一直沒被醫治，宥均需要的其實是被愛，被認同。那是原生家庭從來無法給予的，後來在護校期間，總算得到了。

◈ 步入第二輪惡夢

很長一段時間，由於自身不懂甚麼叫愛，所以宥均也不懂得如何被愛。

她可以跟男友一起狂歡，但非常害怕保有長期的關係，那會讓她想起束縛，想起若組成家庭，那又會變成另一種夢靨。

而即便年過 20，甚至之後進入醫院開始自己賺錢過日子，宥均依然無法擺脫爸爸帶給她的恐怖操控。

爸爸命令她不准亂交男友，交往對象一定要合乎他的「規定」，雖然宥均自 18 歲後，身邊的男友就不曾間斷，但她永遠跟爸爸說，她忙到沒空交男友。實際上，她也的確設法讓自己很忙，一方面為了賺錢，一方面也真的想用忙碌讓她可以不要回到那個家。

就這樣宥均在不同的醫院擔任白衣天使，服務了超過十年，直到即將滿三十歲前一年，爸爸的催命符又來了。

爸爸說，宥均「在三十歲前」「一定要」嫁給一個具備公務員身分、薪水穩定、且家住台北的人，最好這個人還須擁有資產。並且，這絕對不是一種「建議」，而是一道「聖旨」。宥均很害怕，她知道爸爸的個性，他不會因為妳躲在醫院就以為可以逃過命令，爸爸是那種可以衝到醫院她上班地方鬧事的人。宥伶害怕爸爸，但更害怕爸爸害她在眾人面前丟臉，從小沒有朋友，如今宥均很珍惜同事情誼。

那怎麼辦呢？宥均的決定是，好吧！要我嫁就嫁吧！

原本為了賺錢，在醫院已是知名工作狂的宥均，別人一周至少可以休八天假，宥均卻盡量不休假並且每天加班。為了配合爸爸的命令，宥均也真的努力去找符合爸爸期望的對

象，她的做法，真的就充分運用時間，她一個月就只排休六天，她就真的在這六天中，每天都找到一個男性，願意跟她「論及婚嫁」，這些男生都是透過聯誼和宥均「剛剛認識」條件都還不錯的人。而真的就在這些人中有一位被爸爸相中，於是宥均就真的奉命跟這個人結婚。

聽起來有點不可思議，實務上發生了，真的就變成一種悲劇。

曾經，宥均害怕結婚讓她回到過往那種可怕充滿束縛的家庭，但不幸地，越是害怕，她越是會遇到，因為根本上這就不是植基於愛情的結合，只因為對方是個警察，月薪不錯，並且在台北繼承了一間公寓，被爸爸視為「合乎他理想的對象」。

男女雙方根本認識不到兩個月，更糟的是，雙方背後都有算計。宥均的算盤是「找到一個符合爸爸要求」的伴侶，那麼就可以幫爸爸「圓夢」，後面就不會在騷擾她了。無獨有偶的，男方那邊也是類似情形，他是因為婆婆一直逼迫趕快結婚成家，好讓她抱孫，因此男方也才願意那麼快結婚。

初始不懂得愛，後來入社會又急需要被愛的宥均，卻在自己的終身大事上，不是找一個真心愛自己的人，而是雙方都在應付長輩的對象。

從此，宥均進入她人生第二輪的惡夢。

往後的劇情，真的如同八點檔連續劇。宥均每次提到這段，往往都泣不成聲，相信對讀者讀起來也會是一種不忍的煎熬。

長話短說，最終被逼到受不了，宥均逃離家庭，甚至為了躲避前夫追殺，不敢再去醫院上班，為了想證明給爸爸看，不用靠男人也是可以買房子，結果想快速翻身卻無知的投資，投資被騙300多萬有股票、期貨、資金盤、貨幣，但又一個個泡沫般幻滅，這時讓我想唱《泡沫》：「美麗的泡沫，雖然一剎花火，你所有的承諾，都太脆弱。」

　　真的可以說，世上所有的衰事，宥均都碰上了。

◈ 人生受夠了，必須擺脫惡夢

　　所以這是她的命運嗎？

　　難道，這些都無法被改變，如果人生再重來，宥均還是只能如此嗎？

　　當然不是，若是這樣，宥均的這段分享也就失去意義。

　　先來說說最新的發展吧！如今的宥均，事業有成。她是房多多這個科技房產事業集團的頂尖主管，是公司創辦近兩年來第一個爬升到儲備店長位階的成功典範。她的月收入最高時單月可以達到35萬，她不僅僅成就自己，也帶領團隊共好。

　　對比過往受氣包般八點檔標準的怨婦，現在的她外表看起來仍跟少女一般，有著對人對事的熱情。

　　這樣的改變，這樣的奇蹟，是怎麼發生的呢？

　　關鍵在於學習，以及轉念。

　　人的轉念，必須要有貴人。

貴人不是攔街就有，貴人必須在天時地利人和下才會出現。

　　過往以來，宥均的生活圈，青少年時期是被困在家庭灰暗的悲劇思維，本來念護理時期走出來家暴的陰影，但是到醫院急診工作的環境和同事都是很負能量磁場，同事每天愛抱怨愛互相捅別人互相傷害，讓我心境又重新陷入過去籠罩的家暴家庭陰霾，很感恩遇到貴人林淑親同事瘋狂買房自住和投資，喚醒我樂觀開心和 18 歲的夢想，和對我特別的照顧和談心裡深層層面，讓我撐過 10 年醫療工作的負面環境，結果讓自己重新學習投資腦袋和心理課程和潛意識溝通 NAC 等花 300 多萬讓我快速成長，我發現最大的敵人是自己，讓我重新站起來樂觀積極。重新站起來並不可恥，可恥的是扶不起的阿斗，必須要強大我自己，宥伶的名言：「當妳的才華撐不起夢想的時候，你就應該靜下心來學習」。

　　所幸，在那段宥均內心不斷想尋死的日子裡，有點矛盾地，她覺得還不能死，因為她還未幫爸爸圓夢，她必須要月收入超過十萬，必須要買房子。

　　但如何圓這樣的夢呢？答案不在身邊，必須去書中找，因此宥均很長時間已經養成愛閱讀的習慣，包括心情不好都是躲在誠品書局哭泣。也因為愛閱讀，進而開始看到一些成長勵志的文章，進而刺激她為了尋找更多資訊，上網找課程，而一旦願意接觸課程，那就等於來到「對的環境」，就是這樣，環境對了，貴人就一一出現。

　　第一個貴人就是黃佳興老師，他很認真的告訴宥均：

妳要愛妳自己，妳自己要勇敢走出來。

「原來，我過往都沒有愛自己喔？」

宥均像是大夢初醒般，對別人來說理所當然的愛，對從小在家暴環境長大的她，卻真的不知道如何去愛。

曾經，宥均「人生剩下的意義」，就是她還沒達到賺錢及買房子給爸媽的夢想。但透過上課，她知道，如果她自己都救不了自己，怎麼可能行有餘力去顧到別人？

她依然想要圓夢，但現在她真正調整了思維，她說：「我想要圓夢，但是我想要圓的是『自己』的夢。」

另一個帶給她很大影響的老師就是林裕峯，宥均真正的感受到裕峯老師不只是傳授課程，並且願意真心的協助學員成長茁壯，若有可以曝光及提升學員的機會，裕峯老師都會不吝惜的把舞台給學員。過往長年見證到人性黑暗面的宥均，在裕峯老師這裡感受到真正人性的溫暖。這也讓她有個學習典範，要像裕峯老師般多多去幫助他人，成就他人。

◈ 珍惜每次的學習

宥均很珍惜每次的學習，因為對她來說，這件事真的很不容易，因為她連上課的錢都是借來的。

但學習真的帶來改變，讓宥均一天天地脫胎換骨。

宥均持續的上課，包含佳興老師、裕峯老師還有國內外名師總數不下一二十位，總之，有機會上課宥均都會保留。從不同老師那邊，宥均學習到，我們要先為自己找到對的環境認識對的人。初始應該為成功者做事，後來是跟成功者共事，最終可以做到成功者為你做事。

透過學習，宥均的心逐漸展開來。

當然，這不是一朝一夕的事，宥均非常投入學習，她從民國 106 年到出書的現在 110 年，中間不間斷的學習，也因為身邊都是積極上進的朋友，並且透過真心關懷，讓宥均真正感受到愛，宥均才逐步走出人生陰影。

　　長達超過三十年的惡夢，最終，還是需要靠著自己才能走出來。

　　如同當初佳興老師告訴她的，唯有自己才能救自己。

　　改變，至少有兩個階段。
　　理論階段以及實做階段。
　　很剛好的，106 年的宥均，正處在為了生計必須不斷打拼的困境，那樣的困境，逼得她必須快速成長，而上課所學就可以直接應用。也可以說，這是宥均的優勢，當其他的學員，學習有所體悟，但只是記在腦海裡，宥均卻被生活現實所迫，必須現學現賣。這讓宥均在很短時間內展現爆炸式的成長。

　　曾經在還沒上課前，宥均家庭方面不如意，理財方面也處處碰壁，不是這人騙她錢就是那人說話不守信，歸根究柢，還是因為宥均對該領域不懂，並且思慮也還沒放開，因此怎麼做怎麼錯。

　　還好那樣的宥均，沒有「一朝被蛇咬，十年怕草繩」，她依然相信理財的重要，也知曉人生必須要投資，過往的失敗，不代表投資理財是錯的，只代表她還沒找到對的人。

　　一旦找到對的人也做到對的事，後來宥均的實力就得到

充分發揮，她因此從那個原本害羞膽怯愛哭的女孩，如今成長為堅強勇敢努力築夢的勵志女孩。

關於學習及事業轉型的契機，宥均覺得她非常要感謝的就是房多多的創辦人 J 哥，以及他所帶領的團隊。

◈ 在房多多找到全新的舞台

房多多是什麼？房多多不是仲介公司也不是直銷，而是理債＋買房，房多多也是小資族買房俱樂部，也是有錢人和貴婦買房俱樂部。

宥均以自身為例，她長年在台北工作，一直想在台北買房子，但是因為本身只是小資族，在高物價的台北一直連頭期款都無法存夠，過往以來租屋超過二十年，為了圓夢也去做各類投資，但總是難以得到理想結果，連頭期款都賺不到的她，隨著年紀漸長幾乎覺得夢想實現遙遠到根本連摸到邊都難。

直到生命中的貴人出現，她才了解到要以宏觀的角度看事情，買房子，本身不是單一事件，而是一個人整體理財規劃的一環，站在這樣的視角，老師鼓勵她重新檢視自己的財務，包含許多人忽略的債務處理，以及如何與銀行互動等等。

透過學習，結果短短半年內，宥均已經擁有台北市中正區三房兩廳的房子，她很感恩導師不只教導她，還親自協助她買屋過程的不同環節，這房子原價超過 2400 萬，最終透過談判，以大約 1700 萬取得，包含房價以及仲介費等，等於省掉了約七百萬。

宥均也才認識到，懂得理財，人生會有很大的不同。也因

為自己親身經歷，讓宥均自身投入房多多事業更加的有心得。

她自己年輕時代，經歷過許多苦楚，雖有相應的環境背景，但總歸來說，是她在信念上，不相信自己，也不願意面對自己。她後來透過自我圓夢，也成為一個勵志講師後，總是在台上告訴人們，特別是女孩子，宥均要告訴她們，女生不是只能依賴男生而活，女人完全可以獨立自主，關鍵就在於愛自己。

以前的宥均不愛自己，她以為生命就是要為他人付出，把時間跟愛都給別人，想換去別人對她的「在意」，但只換來年復一年的辛酸血淚。但現在她懂得應該要愛自己，才能換得別人的愛與尊重。她鼓勵女孩們不要為了爭取歸屬感而委屈自己，要知道，人可以自己活得很好，不需要乞求來的「歸屬」。

記得那時候接觸到房多多，這是個經證明可以改變人生的好模式。也跟宥均自己本身想買房子的夢想相契合，宥均投入得比別人認真，有一個很大的原因，是一種「不害怕失去」的心境。就好比她告訴自己的：過往的我已經很糟了，那麼，往後再糟也不會糟到哪裡。

就這樣一無反顧，宥均拚了。

她在房多多找到一個全新的舞台。

◈ **因為助人而造就成功**

宥均放手一搏，打造她的亮麗人生。

當然，她也要說，不是任何事光靠放手一搏就能成功，前提依然是要找到對的方向，對的人、對的平台。

　　宥均自己是在 2020 年四月加入房多多事業，也在這裡得到很重要的觀念洗禮。從前的她比較自卑，特別是因為幾次投資失敗，讓她算是債務累累，覺得更抬不起頭來。但是老師告訴她，其實這世上到處都有人負債，宥均也才觀察到，負債是世間普遍的現象。既然那麼多人負債，如何理債就非常重要。另一個重要的觀念，就是如何與銀行互動，很多人以為房屋貸款利息很少，既然本來就少不需要計較，但利息多少真的需要去計較，因為別小看只差個零點幾趴，整體計算下來那數字是以萬字，甚至超過十萬。

　　學習的日子裡，宥均學會了重新審視財務，也懂得如何與銀行互動。而更讓宥均願意在房多多平台打拼的原因，是她真正感受到這裡人與人間的溫度，房多多不是個現實的凡事談錢的機構，而是個願意幫助人的地方。宥均也真的很高興，她在這裡不但自身有了麻雀變鳳凰般躍升的改變，並且她真正的從一個過好似被人憐憫的人，如今成為真正有能力幫助別人的人。

　　她的成功，其實也就是植基於助人，也就是說，宥均因為幫助了太多人成功，所以當一回首檢視，她的業績無意間成為整個團隊的第一名，算一算，從 2020 年中，到 2021 出書這段期間，不到一年裡，她已經幫助了超過八十位朋友，透過理債理財以及買屋等，改變了人生。

　　也因為這樣，宥均有了新的封號——理財理債買房女王。

　　她透過智慧的理債及稅務規畫等，在一切合乎法令的前

提下，讓原本以為必須支付三十多萬奢侈稅的朋友，最終只需要支付三萬多。也因為她的建議，讓很多人少走投資的冤枉路，省下寶貴的金錢與時間。

如今人們跟宥均互動，她已經是個倍受信任的專家，跟過往那個愛哭女孩完全不能同日而語。

◇ 現在，要為自己圓夢

如今的宥均，透過學習，不斷提升自己，也配合不同的時代變遷，懂得轉換到適合她的跑道。

2019 年開始，宥均在同一年間遇到她人生兩個新貴人。一個是前面介紹的房多多 J 哥，一個就是她如今的伴侶，這個伴侶願意認同宥均「這個人」，尊重宥均的想法，並且也可以接受宥均的過去，他是宥均學習以及事業上的最佳助力，願意陪宥均上山下海，他也陪宥均一起打官司，最終成功與前夫離婚。而現在的宥均也已經懂得愛人，她不再自卑或自暴自棄，她是用全新的自己去愛人，因為她也喜歡自己，所以愛得更加真誠。

另一個貴人，則屬於事業層面，帶領宥均加入現在的房地產事業，在這個名為「房多多」的事業集團裡，宥均秉持著這幾年來認真學習的精神，也真心投入，從基層幹起，很短時間就做出一番成績，如今也已經是集團的專業講師和領導人。

關於夢想，問問宥均，你還有夢嗎？你怎麼看待你的爸爸呢？

宥均說，她真的有夢，她依然要買房子依然要每月達到十萬以上（這目標已經達到），她也依然要幫爸爸圓夢。但此時的她，對爸爸和媽媽的過往已然釋懷，她要幫她們圓夢，是真心想要多賺點錢讓兩老過好的生活。前提就是宥均自己已經懂得追求更好的生活。

　　一個轉念，就算年過三十，人生都還來得及。

　　為自己圓夢，世界真的很精彩。

Line ID

☎ Tel : 0930868822

✉ email : cammie2828222@gmail.com

思維探討：事業家庭以及心靈成長如何兼顧

築夢銘言：當我們心中想著：我做這件事可以幫助對方甚麼，一心助人，反倒最終會有好事回饋到身上。

有德才有得，先做人再做事。

郭芸家

企業家、實業家們，
其實當他們的成就來到了一個境界，
那時賺再多財富，都與自己的生活品質沒太大關係。
成功的人士到最後專注的絕對是大我，
所有的努力都是想要讓自己可以幫助更多的人，
如何打造正向影響力，
比起如何賺更多的錢，更有意義。

◈ **一個成績斐然的女子**

2020 年，熱愛學習的郭芸家，因緣際會認識了林裕峯老

師，跟老師學習了業務銷售以及公眾演說等課程，並且知曉裕峯老師將邀請世界房地產銷售冠軍湯姆・霍普金斯先生來台演講，芸家立刻就報名了活動。後來雖然因為全球疫情的關係，各種跨國性的活動都受到影響，演講必須延期，但芸家很期待能夠有機會跟這樣的國際級大師學習。

　　其實，本身已經是銷售達人，不論在健康產品銷售，以及房地產銷售領域，都做出絕佳成績的芸家，他想跟銷售大師學習的，主要已經不是各種實戰技巧，而是要學習偉人們的胸襟氣度。她本身參與的各種實業，也都講求的是必須植基於助人濟世，能夠提升更多人生活福祉的企業。

　　郭芸家，一個非常有魅力的意見領袖。她多年來服務客戶的成績，已經到了一個境界，就是說，當她推薦甚麼產品或甚麼課程，很多人就會依照她的建議去做。這樣的信任感，來自於過往這許多年來，她的用心耕耘，更來自於她的人格感召。但如果不特別說，人們不知道，這個如今在不同產業做得有聲有色，從南到北都有許多忠實老客戶的女子，其實最初只是個普通的家庭主婦，並且她並非台灣本地人，而是年輕時嫁來台灣，當年的她一方面在台灣人生地不熟，二方面身為陸配，最初幾年連身分證都沒有，只能待在家裡，外出到哪都有困難。

　　這樣的她後來是如何一步一腳印，走出一條康莊大道的呢？

　　這後面有著芸家基本做人處世的堅持，並且一路走來，芸家在打拼事業的同時，也從未耽誤過她對家庭的責任，她教養兩個孩子都學業成績頂尖，品學兼優，芸家和婆婆的相

處也很融洽，並且還寫下婆媳共同學習上課的孝順佳話。

故事的開始，起始地點是在彰化。直到今天，彰化都還算是個商業不發達的縣市，更何況在二十年前，從廈門嫁來彰化溪湖鎮的她，能夠從無到有創立自己的事業真的很不容易。

◈ 為母則強，陸配來台拚經濟

想想人生也真的是充滿奇異的緣分。

一回首，定居台灣已經超過二十年，來自福建，嫁來台灣，兩個兒子中長子已經升高三準備考大學，郭芸家提起這一路走來的點點滴滴，內心有無限感慨。

大學時芸家唸的是廈門大學，因緣際會接觸到台資企業，認識了未來的婆婆，之後有緣成了台灣媳婦。芸家的先生是個典型的書生性情，喜愛文化但不擅長商業營運，隨著芸家陸續生養了兩個兒子，她擔心著家中經濟。為此她下定決定，為了讓孩子有更好的未來，再怎樣她也要設法打拼出一條路。

所謂「為母則強」，就這樣，連身分證都還沒有的陸配芸家，在溪湖這樣一個商業不發達的純樸農鄉，她要設法拚經濟。

那年芸家剛生完第二個寶寶，想要協助家計，既然沒身分證的她無法上班，那就設法做點小生意吧！她從她最熟悉的婆婆媽媽圈開始，在彰化溪湖租了小小店面，經營起五金雜貨鋪，初始賣的是鍋碗瓢盆，對象正是黃昏市場她這些年認識的在地朋友，後來販售的品項增加，舉凡孩子的玩具、

女孩的髮飾、還有一些流行 CD，反正鄉下地方婆婆媽媽或者在地人可能會買的東西，她都可以賣。

那時無師自通的，芸家就有個行銷的基本觀念，並且終身奉行：那就是她堅守著的道理，賣東西就是為了滿足客戶的需要，是為了利他，只要服務了客人的需求，金錢自然進來。

由於總是強調以善為本，芸家也累積很多老客戶，生意做起來了，於是她成為家中經濟支柱。不過畢竟是小本生意，家庭收入增加，但全家生活還是稍稍艱困，主因是孩子的教育問題，自從有了這兩個小孩，芸家的生命目標，甚至把孩子的幸福放在自己之上，她拼命賺錢，就是為了要讓孩子受到最好的教育，將來可以過更好的日子。

為了孩子，芸家真的變成一個很愛賺錢的女子。除了開店外，有任何的打工增加收入機會，她都不放過。而日子真的不容易，因為那年代，各種現代化商業通路已經由都市深入鄉間，甚麼便利超商、連鎖超市都逐步進駐，她的五金雜貨生意越來越經營不下去。大約此時，來台已八年的她，終於取得身分證，她也正式去就業市場謀職，先後在補習班及保險公司等地方任職行政工作，同時她也依然抓住時間空檔，找兼差填補家用。

但收入都只是勉強打平，每月兩個孩子的教育費驚人，不只上學，她還不惜重資，讓兩個孩子都去學習各種才藝。直到後來加入傳直銷事業，並做出一番成績，家境才大幅改善。那些年，原本不會開車的芸家，初始是為了五金雜貨舖補貨，必須強迫自己學會駕駛小貨車，更後來，她則是開車穿梭在彰化及台中的各大鄉鎮，為的是自己傳直銷事業的說

明會以及會員服務。

曾幾何時，曾經是名列中國經濟特區重要學府的高材生，現在捲起袖子，開著貨車，日日穿梭在彰化鄉間。

那過程自有非常辛苦的時刻，有時候開車迷路被困在不知名的郊野，有時則碰到脾氣不好的客人。但不論再怎麼苦，在芸家心中，只要想到這一切都是為了孩子，那再多的苦，她也不覺得有甚麼不可承受的。

◈ 教養孩子是生命的重心

只要談起孩子，談起教育。如今已經身為知名上市生技科技公司，傳直銷位階最高聘階領導人，同時也轉戰房地產市場有成的芸家，依然會露出只有為人母親才有的溫柔眼神。只要談起自己的寶貝，她永遠不厭倦。

對於教育，芸家有著一份深刻的執著。她強烈認可，決定孩子一生的重要關鍵，就在學習成長階段。在孩子成長時期，任何的投資付出，都是值得的。

芸家對孩子教育，非常關心孩子想法。他總是做到和孩子溝通，例如長子是個品學兼優好學生，一路走來學業頂尖，各科成績都很好。但孩子在高中面臨職涯性向選擇問題，到底要選擇理科還是社會科？這方面，芸家總是耐著性子，陪著孩子分析討論，但最終決定權，她會尊重孩子的決定。

為了幫孩子打下厚實基礎，芸家堅持要讓孩子從小習得各項才藝。她的目的，不是為了讓孩子除了正式課業外，還兼學會甚麼十八般武藝，而是芸家清楚知道，未來的社會更加多元，比起擁有一項專業，也許具備更豐富內涵特質的

人，更加有競爭力。因此，藉由不同的才藝學習，可以讓孩子心胸更開闊。而芸家也相信，那些才藝，好比說學鋼琴，不代表他們要成為音樂家，但才藝的培育，可以讓一個人更有「氣質」。也許甚麼是氣質，不是三言兩語可以說得清的，但總之，就是讓孩子長大成為更不一樣的人，可能就是「腹有詩書氣自華」的境界。

本身也長期在國中小學做志工服務，擔任德育宣導講師，芸家真正體認到，教育的一大重點，除了傳授知識學問外，更重要的應該是傳達做人做事道理。雖然早年迫於生計，芸家拼命的想賺錢，但無論任何時候，芸家從事任何事業，她重視金錢，但更重視的是服務的價值，以及建立「善」的影響力。

她相信孩子將來不會只是一個滿腦子銅臭味的商人。她衷心希望自己的孩子，是個以品格讓人敬仰的社會菁英。並且芸家非常強調，她要以身作則，到今天，她事業經營有成，但她可以肯定的說，她的事業，是靠著誠信，讓人們願意相信她，尋求她的服務。芸家用自己的一言一行，成為孩子最佳的典範。

此外，關於教育，芸家也非常強調陪伴的重要。她知道社會上許多的學子，可能在校也是成績優異，但因為少了家人關懷，有了人格上的扭曲。就算父母賺再多錢也彌補不了，因為少了陪伴而在孩子內心那個空洞。所以，芸家事業再怎麼忙碌，都以孩子的活動為前提考量，讓孩子們的心靈充滿陽光自信。

如今，看著兩個孩子，不僅功課好，也不會只是死讀

書，他們同時在運動場或音樂領域，都有很好的表現。婆婆那邊的家族，看到芸家把孩子教育得這麼陽光正向，也都很欣慰。芸家和婆家也都相處愉快。

◇ 做傳直銷事業的根本理念

芸家投入傳直銷事業的過程，也正好可以做為想加入這個行業的新人可以參考的典範。

如同芸家生活中很多的事都跟孩子有關，加入傳直銷一事也不例外。原來她的長子，從小就有異位性皮膚炎，另外還有腸道過敏問題，經常得去看醫師，院方並無法給予甚麼根治解藥，畢竟就只是過敏，說嚴重不嚴重，就是會帶來生活困擾。

後來在與其他媽媽互動過程，芸家聽說有某家生物科技推出的產品，似乎對過敏很有幫助。芸家一聽，就立刻去買來給孩子吃，她當時就讓孩子開始服用那家公司研發的益生菌，結果還真的改善情況良好。從此，芸家就成為那家公司的產品長期愛用者。但她只為了幫助孩子健康，一連三年，都沒有投入經營。

說起來，這也是固有觀念作祟。長期以來，人們對傳直銷就有很多偏見，說這個產業騙人或傳聞種種負評等等。芸家本身倒是沒有厭惡這個產業，畢竟，她自己的孩子真的吃公司的產品變得健康。但她有個根深柢固認知，以為要從事傳直銷產業的人，就必須有豐富的人脈和錢脈，芸家自問沒這些資源，因此都沒想要投入。

三年內，她持續觀察著公司成長。這期間，一方面她自

己原本的工作加上先生的工作，要負擔家計還是很辛苦。二方面，有回她知曉，有位同樣也是外籍新娘，並且背景條件甚至更糟，連台語都不會講的女子，她同樣有個過敏的孩子，有經濟困難，但自從加入這行後，如今每月月入可達七八萬。這不免讓芸家心生好奇，心想，她可以做到，那我是不是也可以做到？

就這樣，芸家先以兼職的身分投入，白天依然有正職上班工作，大約一年半後，比時芸家在傳直銷月收入已經正式超過正職收入，那時她才正式全職做傳直銷，從2010開始，到2020年也已滿十年。這一路，她從傳直銷素人，到後來已經到達最高聘階，也獲頒公司贈與的賓士汽車，十年間，她也從一個原本樸素的鄉下少婦，變成穩重成熟有著企業家形象的職場成功女性。

說起如何從事這個產業？很多人誤會，以為芸家大概又是秉持著為家庭拚經濟的精神，大概一加入就拼命聯絡拜訪客戶，所以才能站穩這個事業吧？

但其實正好相反，原本之前芸家就已花了三年時間擔任消費者，到了正式參與經營，她依然秉持著誠信踏實精神，有至少半年時間，她只專注在學習進修，她務求自己把公司制度產品，以及各種行銷課程都熟悉後，才正式經營。甚至當時有朋友就跟她說，我有需求，來幫我服務吧！芸家反倒跟朋友說：「暫時我還無法為您服務，我要先讓自己對這產業更懂。若您有急需，例如家中有人現在有症狀需要協助，那我會先引薦資深的專業同仁為您服務。」

芸家表示，做任何事，既然投入就要讓自己成為這行業

的專業，這樣是對自己負責也對客人負責。這家傳直銷，公司本身沒問題，是台灣知名的上市公司，產品也沒問題，她自己的孩子就是例證。但光這樣還不夠，當客戶有需求向她請教時，她必須表現得更專業，可以說出自家產品和其他廠牌的比較優勢等等。而除了以上，更加重要的，是身為賣方的人格特質，畢竟買方不只是買這家公司的產品，也是因為信任「妳」，所以和妳交易。因此，芸家表示做傳直銷事業的三大基本配備：第一個要有心、第二要夠專業，第三要展能展現妳的人格特質。

也因為誠信為上，芸家不會刻意推銷，到後來，反倒朋友都會主動找她，也因為口碑載道，芸家業績蒸蒸日上，堅持打拼六年後升上更高聘階。

◈ 為對方服務的心，大過自己的業績需求

回想起當初如何開始第一步？這也是在公司裡，眾多新人們總是最好奇芸家姐為何如此成功最想要問的問題。

如同前述，芸家初始花了至少半年專注在學習，那時白天還有工作，常常得夜晚再外出上培訓課，有時孩子會張著淚眼汪汪的大眼，要媽媽不要離開。芸家看了也很心酸，但她蹲下來抱著孩子說，孩子，媽媽沒有要離開，我是要去努力賺更多錢，然後就可以買玩具給你，你一定要相信媽媽。

逐漸對產品熟悉後，芸家也絕不採取強制推銷的模式。她對自己的要求，就是產品的賣出，要做到讓客戶心服口服，甚至有的朋友，說是知道芸家在賣養生保健產品，願意捧場買幾盒。芸家也會正色地說，她的產品是真的對身體有

幫助，當然，這不是神丹妙藥，不可能立馬見效，總要長期服用，至少要吃到一個週期療程，才可以看見效果，如果只是為了捧場，那芸家敬謝不敏，沒有需求者並不建議買產品，大家還是繼續當好朋友就好。

新人比較難以相信的，其實，芸家啟動事業的做法，比較像是「慢工出細活」，與其帶著產品到處宣傳，芸家反倒平常並不刻意去介紹產品。她是透過影響力，讓大家主動對產品有興趣來找她。

例如芸家本身擔任學校的志工，經常會去校園和其他媽媽們聊天，當那樣的時候，她會聊起自己的工作，也會談起自己的孩子本來有過敏，現在已經健健康康了。包括去接送孩子上才藝班的場合，也都會和很多家長互相聊天，都自然會聊起這類話題，由於芸家講的都是真人真事，她自己的孩子真的因為產品變健康了，所以非常有說服力。如此，就會陸續有家長們，也表示有興趣，開始和芸家訂產品。

包括對著以前在市場交易的老朋友，也都是如此。她隨身印有名片，上面書寫的頭銜是免疫力專家。並不刻意求績效，而只是將這樣的訊息散發出去，如果有機會服務到有相關需求的人自然就好。秉持著服務心態，芸家並不強求要把東西馬上賣出去，甚至有人拿到她的名片，過了好幾年後才打電話，「原來你還在做這行喔！服務那麼久，表示這產品是真的好，那我就跟妳下單吧！」

另外一個管道，是結合大陸銷售。芸家本就是大陸新娘，當初她從福建過來台灣，她在泉州和廈門都還是有很多老朋友。由於從前芸家就總是與人為善，所以她的人緣相當好，

很多老同學都還是跟她保持聯絡，那年代尚沒有 WeChat，比較流行的是 QQ。光是透過 QQ，芸家和老朋友們分享訊息，表明她有在銷售台灣知名上市公司保健產品，她的老公是藥劑師，經過他驗證，她的孩子則是直接受惠於這產品，本來有過敏症狀，如今病症已經改善。就這樣，芸家建立了大陸銷售管道。在最初時候，反倒是中國這邊的直接消費量最大，一次都幾箱幾箱的下單，但大陸這邊只是單純的消費，反倒台灣這邊，初期進展比較慢，但是長期累積影響力，也逐步有人加入她的旗下，共同經營，後來組織就越做越大。

對於如何經營這樣的事業。芸家也擔任集團內的講師。她告訴朋友，這是個長期的事業，你每天都要投入，不能以為團隊變大，自己就可以偷懶不做。以她自己為例，第一年投入，後來達到第一個聘階，當時傳直銷每月收入已經超過兩萬。但第一個月如此，不代表每個月如此，都已經有了初步成績，當然要乘勝追擊，達到更好的境界。

芸家說，我們一定要為自己設定目標，好比說現在每月收入已超過兩萬，那下個月也不能低於這個數字，這樣子內心就會自我砥礪，我要持續讓自己達標。

然而即便追求達標，也不要忘記，我們賣東西，主力不是為了業績，而是為了服務眾生。關於這方面，芸家也經常陪著夥伴去協助介紹事業，但她通常第一次不特別把產品當主力，她還是會去溝通了解，以客為尊，先了解客戶的需求，再來談我們如何為對方效勞。

在培訓場合，與其說芸家在傳授行銷秘訣，不如說她主

力還是放在人格教育，她鼓勵大家轉念，心中要想著，我做這件事可以幫助對方甚麼，一心助人，反倒最終會有好事回饋到身上。

關於助人，芸家還有一個志業領域，投入時間，甚至比傳直銷還長。那就是在校擔任志工。

◈ 十年的品德教育志工

早在芸家還在彰化溪湖開五金雜貨鋪時，她就已經參與志工。其實最初本意，也是想更加了解自己孩子的上課狀況。那時偶然間，芸家聽聞有個教育單位，在招募生命教育志工。這是一個長期的服務計畫。志工要做的，就是去學校教導小朋友，傳遞正向的品德教育概念，內容不是四書五經等八股，而是宣揚兩性教育、還有戒除毒品等等宣達。

這是全然沒有報酬，無私的奉獻。更且，要擔任品德教育志工老師，必須接受培訓，那費用還得自己出。

許多朋友都覺得芸家幹嘛把自己搞那麼累。當時芸家自己開店，店面是中午開門，經常要忙到晚上。朋友都認為，早上時間，何不好好讓自己睡個飽覺，何必還得辛苦參加培訓，並且每周都要一大早起床去學校做無酬的老師。芸家同時擔任國小及國中的品德教育宣講師，不只要準備教材，回家也要改功課，更是辛勞。

但芸家認為，這是一種意志力挑戰，她就是願意讓自己抗拒溫暖床鋪的吸引力，寧願早起來到學校，貢獻一份心力。初始她是配合自己孩子的學校，一方面宣講，一方面也可以常態和學校導師互動，了解自己孩子的狀況。後來孩子都長大，例

如長子都已經升上高中，可是因為芸家的教育魅力太強了，學校都強烈挽留，芸家繼續在學校擔任志工老師。

就這樣，芸家投入這樣的志工志業，已經超過十年，直到 2020 因為疫情影響才暫停。

時常有人質疑，為何有人要做志工？難道是要博取讚譽美名嗎？

當然不是如此。如果當初刻意有所求而擔任志工，這樣的服務就不純粹了。

如同當初芸家會擔任志工就是秉持一個善的理念，由於是發乎為善的理念，所以一點也不勉強。

正如同應用在傳直銷事業上也是如此，她一心就是要助人。她相信好的產品本身就會說話，只要有人有需求並且親自使用產品，自然會感受到好處，那他們就會成為長期愛用者。

這些年來，芸家更加看中心念純正善良的重要。芸家非常樂於學習，自己是組織內的講師，也勤於去外地上各類的課程，包括和林裕峯等名師學習，另外也對身心靈課程有興趣。

對芸家來說，上課就是上課，就真的是學習，不該有其他目的。但她經常看到，很多業務人員，刻意來加入這些課程，只因為想認識更多同學，好推銷他們的產品。芸家本身絕不做這類的事，她上課時不會主動拿出 DM 推薦產品，通常都是人們後來聊天知道後，主動來跟芸家請教。那些上課目的不單純的人，反倒不會在這裡開發到訂單，因為人們普遍討厭太商業化的行為，而往往這些人，也在上了幾堂課後，自覺沒趣，課程都會半途而廢。這個社會不缺學習機會，但

缺乏的是擁有持續學習力的人。

◈ **是事業經營好手，也不忘追求心靈成長**

事業的成就跟能力有關係，但不是絕對相關。芸家認為能力重要，但有沒有「心」更重要。這許多年來，芸家領導她的組織，也見證過很多無法從一而終，在銷售市場上鎩羽而歸的例子。

她常說：**通往成功的路上，並不擁擠。因為能夠堅持下去的人並不多。**要成功不需要甚麼背景，就如同像她這般來自中國，很長一段時間在台灣連身分證都沒有的媽媽，也可以靠著誠信與努力，做出一番成績。

努力與否，存乎一心，其他都是藉口。

從 2020 年開始，芸家又有了新的成長。除了繼續服務原本產品的老客戶外，她投入更多心思在有助於健康的事業，同時這些年也轉戰房地產投資有成。另外她更重視陪伴家人學習，跟著婆婆也帶著兩個孩子，加入有助於心靈成長的課程。

先談心靈成長的部分。

早先芸家來台的時候，第一個接觸到的其實是基督教，那時她一個也是來自大陸的表親，帶她接觸了教會，芸家感到那裡氣氛很好，教人為善的事，她是有感覺的。但如果說一定要受洗，芸家本身覺得善心比較重要，不一定要投入甚麼儀式被宗教所規範束縛。

接著影響她的人，是她自己的長子。芸家的大兒子在念國小一年級時，有在學校拿到讀經班的傳單，剛好地點離家很

近，那時每週五晚上芸家就陪著孩子一起去參加讀經。結果發現讀經真的可以帶來善的影響力，兒子從國小到中學，語文實力非常好，不論英文中文都成績優異，還參加比賽得獎。更重要的是，內心建立了善的品格及信念。雖然後來也知道，讀經班背後還是有宗教組織，叫做一貫道，但一切不強求，芸家繼續帶著孩子讀經，但不去參加繁瑣的宗教儀式。

後來影響她更大的有兩個心靈學習成長環境。第一個叫做創價學會，芸家印象很深刻的，原本自己的婆婆是很傳統的民間拜拜，有信仰並做善事是好事，但她擔心婆婆太融入各種習俗的繁瑣禮節，變得有些迷信。可是這樣的婆婆，後來有一天卻來告訴芸家，她加入一個團體，不需要拜拜只要念經，講究的是正心正念有求必應，既簡單又能深入人心。婆婆也因為加入這團體，逐漸把家中許多的神佛偶像都請走。芸家後來跟著婆婆也帶著兩個兒子一起加入創價學會，覺得帶給家庭很多改變。她很欣慰地，由於在創價學會有安排很多的課程，兩個孩子因為參與種種的課程，學會了很多人際關係以及與人溝通技能，並因此培養出敢於上台講話演說的膽識。這對日後孩子的成長以及人格養成有很大的助益。

好的團體不一定要宗教化，結合念經行善與學習，這讓芸家很推崇。

2019 年夏天芸家藉由一位好友邀約，參加一場正能量音樂會，進而了解到超碼系統。在台灣北中南都有天圓文化機構教室，並且全台有二百多處菁英會，發行人「太陽盛德」導師已經成為世界諾貝爾和平獎被提名者，他致力全球多個國家推廣〈超級生命密碼〉系統已經數十年，感恩今生有緣

接觸。

◈ **健康結合科技，賺錢也賺到好身體**

　　除了心靈成長領域外，在事業方面最大的改變，就是2020 年起，芸家投入了一個結合健康與生技的產業，這是一個與現代區塊鏈及雲端科技趨勢可以完全融和的上市上櫃企業所發行的系統，背後有包含鴻海郭董等知名企業家的投入。

　　其中最典型的產品，就是可以監測健康的多功能錶，當初芸家對這個產品有興趣，除了本身從以前就關心健康也投入健康相關事業外，更且因為知曉這個產品背後結合的是公益事業，讓每個人都可以參與慈善。

　　具體來說，戴上這樣的錶，同時也在個人同意下，和公司簽定授權書，可以讓公司監測這些數據，為此，戴這樣的錶還有回饋金，而這些錢會轉投入公益慈善。

　　其實追求健康關心健康本就是好事，透過這樣的多功能錶，芸家可以天天掌控自己的各種健康數據，包含體脂肪、肌肉量、骨骼密度，各種新陳代謝狀況，乃至於監測睡眠品質等等，這個錶也鼓勵人們多運動，例如每天步行達一萬步就有點數獎勵等等。

　　這樣的優質產品還能結合事業經營，正是芸家如今主力投入的事業項目之一。

　　如今事業及心靈成長都有成就的芸家，她想要勸勉年輕人，有心追求更好的人生，不論是賺大錢或實現甚麼夢想，不要眼高手低，秉持著善念，然後就要認真且積極的學習，

有了專業有了自信，並且持之以恆。就能發揮影響力。

　　並且她要不斷強調，做事業重要，但做人成功，事業就較容易水到渠成。

☎ 郭芸家

TEL：0985939419

Line ID：0985939419

WeChat ID：a0985939419

信箱：c0985939419@gmail.com

築夢進行曲 3：心在那裡，希望就在那裡

主　編／林裕峯
美術編輯／了凡製書坊
責任編輯／twohorses
企畫選書人／賈俊國

總 編 輯／賈俊國
副總編輯／蘇士尹
編　　輯／高懿萩
行銷企畫／張莉榮・蕭羽猜・黃欣

發 行 人／何飛鵬
法律顧問／元禾法律事務所王子文律師
出　　版／布克文化出版事業部
　　　　　台北市中山區民生東路二段 141 號 8 樓
　　　　　電話：(02)2500-7008　傳真：(02)2502-7676
　　　　　Email：sbooker.service@cite.com.tw
發　　行／英屬蓋曼群島商家庭傳媒股份有限公司城邦分公司
　　　　　台北市中山區民生東路二段 141 號 2 樓
　　　　　書虫客服服務專線：(02)2500-7718；2500-7719
　　　　　24 小時傳真專線：(02)2500-1990；2500-1991
　　　　　劃撥帳號：19863813；戶名：書虫股份有限公司
　　　　　讀者服務信箱：service@readingclub.com.tw
香港發行所／城邦（香港）出版集團有限公司
　　　　　香港灣仔駱克道 193 號東超商業中心 1 樓
　　　　　電話：+852-2508-6231　　傳真：+852-2578-9337
　　　　　Email：hkcite@biznetvigator.com
馬新發行所／城邦（馬新）出版集團 Cité (M) Sdn. Bhd.
　　　　　41, Jalan Radin Anum, Bandar Baru Sri Petaling,
　　　　　57000 Kuala Lumpur, Malaysia
　　　　　電話：+603- 9057-8822　　傳真：+603- 9057-6622
　　　　　Email：cite@cite.com.my
印　　刷／韋懋實業有限公司
初　　版／ 2021 年 9 月
定　　價／ 380 元
Ｉ Ｓ Ｂ Ｎ／ 978-986-0796-27-8
Ｅ Ｉ Ｓ Ｂ Ｎ／ 978-986-0796-29-2（EPUB）

城邦讀書花園　布克文化
www.cite.com.tw　www.sbooker.com.tw